AF283630

Acreditación docente para Teleformación: Formador/a *online*. SSCE002PO

Natividad García Bravo

ic editorial

Acreditación docente para Teleformación: Formador/a *online*. **SSCE002PO**
© Natividad García Bravo

1ª Edición

© IC Editorial, 2024

Editado por: IC Editorial
c/ Cueva de Viera, 2, Local 3
Centro Negocios CADI
29200 Antequera (Málaga)
Teléfono: 952 70 60 04
Fax: 952 84 55 03
Correo electrónico: iceditorial@iceditorial.com
Internet: www.iceditorial.com

ISBN: 978-84-1184-316-4
Depósito Legal: MA 1836-2024

Impresión: PODiPrint
Impreso en Andalucía – España

Nota de la editorial: IC Editorial pertenece a Innovación y Cualificación S. L.

Especialidad formativa

Se entiende por especialidad formativa la agrupación de contenidos, competencias profesionales y especificaciones técnicas que responde a un conjunto de actividades de trabajo enmarcadas en una fase del proceso de producción y con funciones afines.

Las especialidades formativas de Uso General, Formación Complementaria, Formación Modular y las especialidades formativas dirigidas a la obtención de certificados de profesionalidad se incluyen en el Fichero de Especialidades del Servicio Público de Empleo Estatal para su gestión en todo el territorio nacional por cualquier Administración competente.

Las especialidades complementarias, pertenecen todas a la Familia profesional de Formación Complementaria (FCO) y tienen la consideración de formación transversal en áreas que se consideran prioritarias tanto en el marco de la Estrategia Europea para el Empleo y del Sistema Nacional de Empleo como en las directrices establecidas por la Unión Europea. Se consideran áreas prioritarias las relativas a tecnologías de la información y la comunicación, la prevención de riesgos laborales, la sensibilización en medio ambiente, la promoción de la igualdad, la orientación profesional y aquellas otras que se establezcan por la Administración competente.

Las especialidades de Certificado de profesionalidad tienen una duración especificada en su normativa reguladora.

En el resultado de la búsqueda, se muestran las unidades de competencia, todos los módulos formativos con su duración y las unidades formativas del certificado correspondiente, con su duración. Las horas del certificado, exclusivo de las especialidades de certificado de profesionalidad, con alta igual o superior a 2008, son las horas totales más las horas del módulo de Prácticas Profesionales no Laborales.

- ➲ **Si la especialidad tiene unidades formativas,** las horas totales, presencial, distancia, teleformación serán igual a la suma de esas horas de las unidades formativas de los distintos módulos, sin que se repita ninguna Unidad formativa.

⮕ **Si la especialidad no tiene unidades formativas,** las horas totales, presencial, distancia, teleformación serán igual a las sumas de esas horas de los módulos formativos, eliminando las horas de los módulos repetidos.

https://sede.sepe.gob.es/especialidadesformativas/RXBuscadorEFRED/BusquedaEspecialidades.do

(Fuente: Servicio Público de Empleo Estatal)

Índice

OBJETIVOS GENERALES

Los objetivos generales del **SSCE002PO. Acreditación docente para Teleformación: Formador/a *online*,** son los siguientes:

- ⮑ Adquirir los conocimientos necesarios para impartir formación en la modalidad *online*.
- ⮑ Conocer las bases, fundamentos, componentes y características de la formación *online*.
- ⮑ Desarrollar las capacidades y competencias necesarias para tutorizar acciones formativas en modalidad *e-learning*.
- ⮑ Desempeñar los roles y funciones propias del personal docente en la formación *online*.
- ⮑ Conocer las herramientas disponibles en la plataforma de formación, valorando su utilidad.
- ⮑ Diseñar los métodos y estrategias didácticas adecuadas a las acciones formativas en modalidad *e-learning*.
- ⮑ Aplicar técnicas de seguimiento del aprendizaje durante el desarrollo de la acción formativa.
- ⮑ Comprender la importancia de la comunicación en las acciones formativas *e-learning*.
- ⮑ Seleccionar las herramientas de comunicación necesarias para un adecuado desarrollo del proceso de enseñanza-aprendizaje.
- ⮑ Diseñar instrumentos de evaluación adecuados para la valoración de los diferentes aspectos del proceso formativo.
- ⮑ Conocer las herramientas de la Web 2.0. y su utilidad para la búsqueda de recursos y contenidos formativos.
- ⮑ Ser consciente de la importancia de los avances tecnológicos y su influencia en el desarrollo del *e-learning*.

Características generales de la formación y el aprendizaje en línea

Contenido

Objetivos

El objetivo general de esta Unidad de Aprendizaje es:

→ Conocer las bases, fundamentos, componentes y características de la formación *online.*

Los objetivos específicos de esta Unidad de Aprendizaje son:

→ Definir la web 2.0.

→ Conocer qué es la formación *online.*

→ Analizar la evolución histórica del e-learning y su estado actual.

→ Describir características y componentes de la formación *online.*

→ Diferenciar entre las ventajas y desventajas del uso del *e- learning.*

1. Introducción

En los últimos años son muchos los cambios y avances que se han producido a un ritmo vertiginoso. Uno de los más destacados es el desarrollo tecnológico, lo que ha originado que las tecnologías de la información y comunicación (TIC) sean hoy en día un elemento esencial.

Esto, aplicado al ámbito laboral, ha provocado que los procedimientos de trabajo tradicionales, se vean en muchos casos modificados, por lo que las personas necesitan ampliar y actualizar sus conocimientos para poder seguir desarrollando eficazmente sus funciones.

Ante la creciente demanda de capacitación, se ha producido el auge de la formación *e-learning,* que facilita el acceso a los recursos educativos minimizando las posibles barreras geográficas y temporales.

En esta unidad se analizarán las bases, componentes y características de esta modalidad formativa.

2. Las TIC en la formación

Las tecnologías de la información y la comunicación (TIC), son aquellos avances de la tecnología que permiten gestionar información, acceder a ella, producirla, transmitirla, almacenarla, recuperarla, etc. haciendo generalmente uso de internet.

Y es que internet y estas tecnologías son algo habitual en la sociedad actual. El uso de las mismas está produciendo profundos cambios en la forma de pensar y actuar de las personas, por lo que en el desarrollo del proceso de enseñanza-aprendizaje estarán sin duda presentes las nuevas tecnologías (redes sociales, blogs, aplicaciones web, videoconferencias, etc.), que influirán en la forma en que este se desarrolle.

En relación a las mismas, en el siglo XXI surgió un nuevo concepto que ha revolucionado la forma de comunicarse: la Web 2.0.

 DEFINICIÓN

Web 2.0
Conjunto de herramientas y aplicaciones de internet, que ha permitido que la persona usuaria pase de ser un sujeto pasivo a participar activamente en la red, utilizando los medios disponibles en internet, como son las redes sociales, blogs, wikis, etc.

El avance de las tecnologías y las herramientas de la Web 2.0 han propiciado un cambio en la interacción entre los usuarios, destacando su aplicación y especial interés para el mundo educativo.

 NOTA

La presencia de internet en nuestra sociedad es constante, por lo que deben aprovecharse los recursos que ofrece para facilitar el proceso educativo y adaptarlo a los tiempos actuales.

Estas herramientas han propiciado que la **acción formativa no sea un sistema cerrado** que únicamente acontece en el aula o la plataforma de formación. Los participantes tienen la opción de interactuar en comunidades de aprendizaje externas, desde diversas fuentes, más amplias y enriquecedoras. Asimismo, pueden ser generadores de contenido e ideas, y compartirlo a través de estas herramientas con la comunidad.

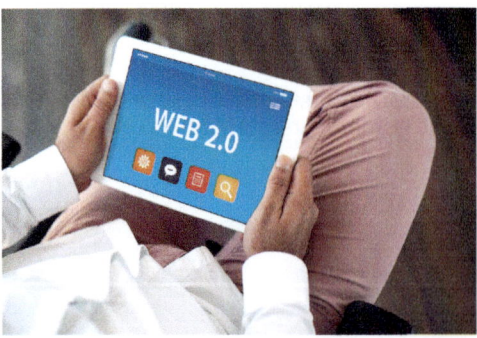

La Web 2.0 proporciona herramientas que permiten interactuar a los usuarios y participar de forma activa en internet.

 **EJEMPLO**

A través de blogs, wikis, redes sociales, como *X, Facebook, Flickr, Youtube,* etc., los usuarios pueden tanto consumir como generar contenido constantemente actualizado, así como debatir y expresar sus opiniones respecto al ámbito de interés.

Las plataformas de formación también han evolucionado en ese sentido, incorporando cada vez más este tipo de aplicaciones y herramientas.

----

3. ¿Qué es la formación *online?*

La formación *online* o *e-learning* se ha ido desarrollando para dar respuesta a las nuevas necesidades y situaciones que se viven en la actualidad, y ha ido adaptándose y evolucionando a la par de los cambios tecnológicos.

Así, en el sector educativo han ido apareciendo muchos factores, tendencias y términos nuevos, que es necesario conocer, comenzando como no, por la propia definición de *"e-learning".*

DEFINICIÓN

e-learning
Es una modalidad formativa que se identifica por su carácter no presencial y la integración de las TIC en el proceso de enseñanza-aprendizaje, siendo fundamental la comunicación e interacción entre las personas participantes. También se denomina como enseñanza virtual, formación a distancia o teleformación.

Algunos de los **conceptos principales** relacionados con esta modalidad son los siguientes:

- **Aula virtual:** espacio en el cual está disponible todo el material, recursos y herramientas necesarias para el desarrollo de la acción formativa.
- **Plataforma:** aplicación informática que se encuentra instalada en un servidor permitiendo que, una vez que el alumnado acceda a la misma,

disponga de todos los recursos y herramientas necesarias para gestionar el proceso de enseñanza-aprendizaje.

- **Aprendizaje:** aunque existen varias definiciones, según desde la teoría desde la cual se aborde el concepto, se podría decir que es la adquisición del conocimiento, ya sea teórico, procedimental, actitudinal, y a través de memorización, práctica, experiencia...

  En cualquier caso, el aprendizaje está presente en todo proceso formativo, sea cual sea la modalidad. Pero concretamente en la modalidad *e-learning* se caracteriza por ser un aprendizaje autónomo.

- **Formación:** los cambios que han tenido lugar a nivel tecnológico y social han provocado en el ámbito laboral una creciente necesidad formativa. Sin formación, los procesos de trabajo quedarían "desactualizados" y no se podría responder adecuadamente a las necesidades que la nueva sociedad plantea. Para dar respuesta a las mismas, ha experimentado un gran avance y crecimiento la modalidad *e-learning*.

- **PLE (entornos personales de aprendizaje):** conjunto de fuentes de información, como por ejemplo, comunidades en redes sociales, recursos, herramientas y espacios de la web 2.0, contactos... que una persona puede consultar y usar de forma habitual para estar informada y en continuo aprendizaje.

- ***e-learning:*** es una modalidad formativa que se identifica por su carácter no presencial y la integración de las TIC en el proceso de enseñanza-aprendizaje, siendo fundamental la comunicación e interacción entre las personas participantes.

- **Repositorio:** espacio donde se almacenan, organizan y clasifican objetos de aprendizaje y recursos digitales.

- **OA (objetos de aprendizaje):** conjunto de recursos educativos (contenidos, actividades...), que constan de una estructura determinada, tanto interna como externa. En ellos se incluyen los metadatos, que es aquella información que los identifica y permite su clasificación dentro de los repositorios.

- **SCORM:** estándar utilizado para la creación de objetos de aprendizaje estructurados, que son compatibles y pueden ser reutilizados en diversas plataformas de gestión del aprendizaje.

- ***b-learning:*** modalidad de formación en la que se combina la modalidad presencial con el *e-learning*.

- **MOOC (cursos *online* masivos y abiertos):** cursos abiertos y gratuitos, en los que cualquier persona puede matricularse, sin límite de inscripciones y que se desarrollan de forma *online*.

- **Accesibilidad:** posibilidad de acceso a un determinado recurso, proceso, procedimiento o herramienta, sea cuáles sean las circunstancias y características personales de los equipos informáticos utilizados.

 **IMPORTANTE**

El *e-learning* no ha surgido tal y como se conoce actualmente, ha pasado por diferentes fases desde sus inicios con la enseñanza por correspondencia, y aún hoy día sigue en constante evolución, teniendo en cuenta e integrando en su metodología todos los avances que siguen produciéndose, como la realidad aumentada, gamificación, geolocalización, etc.

 ACTIVIDAD COMPLEMENTARIA

1. Reflexiona sobre la implantación de la modalidad *e-learning* en los planes de formación de personal por parte de las empresas, ¿crees que su implantación supondría un esfuerzo y sobrecarga de trabajo para la empresa? o por el contrario, ¿supondrá una buena solución para dar respuesta a las nuevas necesidades detectadas por la irrupción de las TIC?

3.1. Evolución del *e-learning.* Situación actual

Coloquialmente se utilizan distintas denominaciones para referirse a este tipo de formación, aunque no signifiquen exactamente lo mismo: teleformación, formación virtual, formación *online,* formación no presencial y educación a distancia.

 EJEMPLO

Aunque *e-learning* y teleformación son términos que puede entenderse que describen la misma modalidad, este último se utiliza especialmente en ámbitos como la Formación Profesional para el Empleo, en el que viene así indicado en la normativa.

Al respecto, hay un debate abierto sobre la idoneidad en el uso y equivalencia de términos. No obstante, la realidad es que se usan todos ellos en mayor o menor medida, y al hacer referencia a cualquiera de estos términos, inmediatamente se piensa en la formación *e-learning*.

Para establecer las diferencias entre los conceptos que se utilizan para referirse al *e-learning*, puede ser de gran ayuda conocer su origen y evolución.

García Aretio, L. (2014) hace un recorrido por la **evolución de la educación a distancia,** estableciendo una serie de etapas, que resulta muy clarificador. A continuación se desarrollan estas **fases:**

⊃ **1.ª Enseñanza por correspondencia:** tuvo como punto de partida la aparición de la imprenta y el correo postal. Durante la misma, **las clases impartidas de forma oral se transcribían a papel y se enviaban al alumnado para su estudio.**
En relación al nuevo método de distribución, pudo resultar útil, pero el aprendizaje de este modo, sin ayuda ni apoyo alguno, resultaba muy difícil, por lo que pronto comenzaron a introducirse nuevas iniciativas, como acompañar el material de una **guía para el alumnado,** o incluir **actividades, evaluaciones y ejercicios prácticos.**
Posteriormente, esta fase evoluciona introduciendo la figura del tutor o tutora, cuyas tareas serían: orientar al alumnado, contestar dudas a través del correo postal, corregir actividades y evaluaciones, motivar al alumnado.

⊃ **2.ª Enseñanza multimedia:** tuvo como punto de partida la disponibilidad de recursos como la radio, televisión, y teléfono.
El material que se envía al alumnado se acompaña de otros recursos multimedia o audiovisuales, como casetes de audio o videocasetes.
Además, en esta etapa se **fomentó la comunicación e interacción** con el uso del teléfono, que permitía estar en contacto con el personal docente, surgiendo por primera vez un tipo de **comunicación síncrona** (en tiempo real) entre las partes.

⊃ **3.ª *e-learning*:** se comenzaron a utilizar los ordenadores en los programas de educación a distancia, junto con un uso más generalizado de los recursos multimedia ya incorporados (radio, TV, videoconferencias...). Es en este periodo cuando destaca la **enseñanza asistida por ordenador (EAO).**
También tuvieron lugar una serie de hitos relevantes para el desarrollo del *e-learning* a nivel tecnológico: *e-mail*, internet, *World Wide Web* (WWW). Esta etapa se caracteriza porque el componente tecnológico y la disponibilidad de medios comienza a ser mayor, se otorga más importancia a la interacción y al alumnado.

- **4.ª** *b-learning:* surgió como un intento de dar una respuesta a las críticas, desconfianzas y los supuestos fracasos del *e-learning* y la educación a distancia.

  En época inicial del *e-learning* prevaleció la idea de que no era relevante el papel del docente, ni tampoco necesario que las instituciones dieran apoyo al proceso de enseñanza-aprendizaje en esa modalidad.

  De ahí, que surgieran muchas críticas en torno a este dilema y a favor de la importancia del docente, apareciendo alternativas como el **blended learning,** modalidad que combina las funciones del tutor presencial y *online*.

- **5.ª Enseñanza 2.0:** tuvo como punto de partida la aparición de la Web 2.0. Estas herramientas han propiciado que la **acción formativa no sea un sistema cerrado** que únicamente acontece en el aula o la plataforma de formación. Los participantes tienen la opción de interactuar en comunidades de aprendizaje externas, desde diversas fuentes, más amplias y enriquecedoras. Asimismo, pueden ser generadores de contenido e ideas, y compartirlo a través de estas herramientas con la comunidad.

- **6.ª Aprendizaje móvil:** ante los avances tecnológicos que se han ido produciendo en el siglo XXI, el sector educativo se ha ido adaptando y aprovechándolos para su popularización.

  De este modo, ha surgido el **mobile learning** o **m-learning,** que usa como soporte los dispositivos móviles (PDA, *smartphone,* tabletas, etc.). Otro de los avances que ha permitido que esto sea posible es la disponibilidad de **redes wifi** en muchos espacios públicos y privados, como plazas, cafeterías, autobús o metro.

- **7.ª REA, MOOC, Sistemas automáticos:** la última fase definida por García Aretio, L. (2014) hace referencia a las nuevas tendencias que configuran el presente y futuro de la educación a distancia.

  Con ellas lo que se pretende es crear un sistema de **educación abierta, gratuita** y **de calidad.** En este sentido, las iniciativas que se están llevando a cabo son las siguientes:

  - REA: recursos educativos abiertos
  - MOOC: cursos *online* masivos y abiertos
  - Aprendizaje automático
  - Nuevas aplicaciones: realidad aumentada, gamificación, etc.

NOTA

Las fases de evolución de la educación a distancia se determinan según la evolución que han seguido, pero el comienzo de una fase no significa que la anterior haya concluido. Muchas de ellas se siguen dando de forma simultánea.

3.2. Características de la formación *online*

La formación *online* tiene una serie de características, que se presentan a continuación:

- **Tecnología:** para su desarrollo y puesta en funcionamiento se utilizan **medios tecnológicos,** como plataformas de formación, aulas virtuales, internet, herramientas de autor, herramientas de comunicación, etc.
- **Pedagogía:** a pesar de la importancia de las tecnologías, son claves los **modelos pedagógicos y la metodología didáctica,** que permiten llevar a cabo un proceso educativo de calidad.
- **Acceso:** facilita el **acceso a la formación,** independientemente del lugar y momento en el que se encuentre la persona usuaria.
- **Tutoría:** el **papel del tutor o tutora** es fundamental para asegurar el éxito del proceso formativo.
- **Comunicación:** permite la **interacción y comunicación multidireccional,** contribuyendo de este modo a que tenga lugar una experiencia de enseñanza–aprendizaje más completa, enriquecedora y significativa.
- **Seguimiento:** incorpora **mecanismos de control y seguimiento** del alumnado.

Esas características, propias del *e-learning,* hacen posible que se superen muchas barreras existentes para el aprendizaje.

IMPORTANTE

El componente pedagógico es esencial en cualquier proceso formativo. La tecnología utilizada también, pero es solo un medio.

- -

Son muchas las **ventajas** que proporciona el *e-learning,* pero también puede presentar una serie de **inconvenientes,** que es necesario analizar y tener en cuenta.

- **Ventajas:**

  - Flexibilidad de **horarios,** pudiendo acceder a la formación en cualquier momento.
  - Flexibilidad de **espacios,** permitiéndose el acceso desde cualquier lugar.

- Construcción de una **comunidad de aprendizaje** especializada en torno a la temática tratada, tanto en espacios internos de la plataforma, como los foros, o externos, como las redes sociales.
- **Personalización** del itinerario formativo, pudiendo seleccionar cada participante los recursos que desee entre los que tiene disponibles, según sus necesidades o intereses.
- Facilidad de **actualización de la información,** pudiendo introducirse de forma constante las novedades respecto al tema tratado y modificar la información que haya quedado obsoleta.
- La interacción y **comunicación multidireccional** hace que el alumnado reciba constantemente retroalimentación, ya sea desde el contenido, otros participantes, docentes, etc., de forma que el proceso resulta más completo y enriquecedor.
- **Ahorro en costes,** por ejemplo, en desplazamientos, libros, folios, etc.
- **Registro y seguimiento** de la actividad, el avance y calificaciones del alumnado.
- **Ejemplificación** de los procesos que pueden tener lugar en la realidad, mediante contenidos audiovisuales, simuladores, etc.
- Desarrollo de la **autonomía,** al tener el alumnado que planificar, organizar y ser el protagonista de su proceso de enseñanza-aprendizaje.

⮑ Inconvenientes:

- Es necesario tener unas destrezas básicas con el **manejo del ordenador.**
- Hay que tener un **equipo informático y conexión** a internet.
- Debe superarse una de las barreras más comunes para que la acción formativa se desarrolle con normalidad, la **resistencia al cambio** por parte de los participantes.
- El alumnado puede llegar a **sentirse solo** ante el ordenador, aislado, sin la función de dinamización ejercida por el personal docente no se realiza de forma correcta.
- Hay que tener cuidado con la estructuración y calidad del contenido, que debe ser coherente, ya que existe el riesgo de dar demasiada **importancia a la tecnología,** dejando de lado los aspectos pedagógicos.
- En el proceso de comunicación hay que ser especialmente cuidadoso, ya que, a excepción de las videoconferencias que puedan realizarse, no está presente la información dada por el **lenguaje no verbal.**
- Puede cometerse el error de no usar y aprovechar todos los recursos disponibles, utilizando la plataforma simplemente para el **almacenamiento de materiales.**
- A causa de la tecnología pueden ocasionarse retrasos en el proceso. Los problemas y **dificultades técnicas** que puedan surgir pueden interrumpir el desarrollo de la acción formativa en un momento dado.

◑ La **falta de responsabilidad, autonomía y capacidad de planifica-ción** por parte del alumnado, puede hacer que se sienta perdido y desorientado.

RECUERDA

No hay una modalidad formativa mejor que otra. Hay que analizar las necesi-dades educativas y circunstancias personales o sociolaborales que las rodean y escoger la opción más adecuada para cada caso concreto.

- -

ACTIVIDAD COMPLEMENTARIA

2. Vas a realizar un curso de Ofimática y no sabes si hacerlo de forma presencial o en modalidad *e-learning*. Reflexiona sobre las ventajas e inconvenientes que puede suponer en tus circunstancias la elección de una u otra modalidad, y elaborar un listado con las mismas.

Tras barajar y comparar las diferentes características, ¿cuál ha sido su elección?

- -

3.3. Componentes de la formación *online*

La formación *e-learning* está integrada por una serie de componentes, que se encuentran englobados en tres dimensiones principales: **dimensión tec-nológica, dimensión pedagógica,** y **dimensión personal y social.**

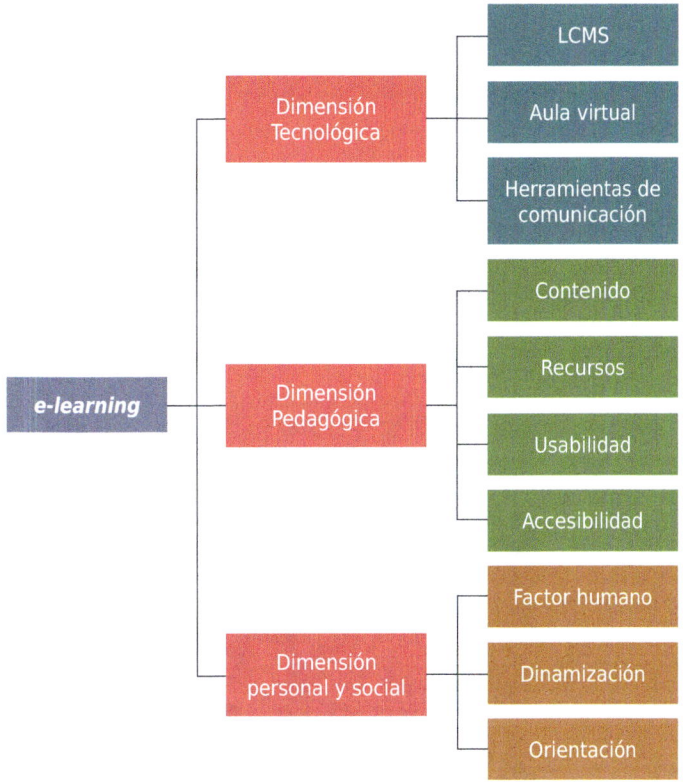

 **IMPORTANTE**

Por su constante actualización, en la formación *online* es necesario no perder de vista ninguna de las **dimensiones** que la componen: **pedagógica, tecnológica y social,** para que se lleve a cabo un proceso de calidad. En este sentido, deben seguirse las pautas y recomendaciones dadas por la norma **UNE 66181**: Gestión de la calidad. Calidad de la formación virtual.

La **dimensión tecnológica** implica la selección de las herramientas más adecuadas para el proceso formativo que se va a llevar a cabo, como pueden ser la plataforma de formación, *software,* recursos multimedia, etc., analizando para ello las posibilidades y limitaciones de las mismas.

La **dimensión pedagógica** implica el análisis de las características de los destinatarios de la acción formativa, objetivos propuestos, contenido, plan de evaluación, actividades (orientando sobre el uso de la tecnología en el desarrollo de las mismas); con el fin de decidir cuáles son las propuestas más adecuadas para las diferentes situaciones de aprendizaje, y obtener así unos mejores resultados.

La **dimensión social y personal** hace referencia al factor humano. En la formación *online* **el alumnado debe ser el centro del proceso de enseñanza-aprendizaje.** Al ser el eje central, y convertirse en protagonista de su propio proceso de enseñanza-aprendizaje, es importante que el alumnado se implique y esté motivado para desempeñar un rol activo durante el desarrollo del mismo.

Tras la tecnología están las personas, destinatarios y artífices de la acción formativa.

En este sentido, es importante contar con personas "tras la pantalla" que puedan apoyar a los participantes, orientarles, guiarles, fomentar la participación, etc., como puede ser el **personal docente y dinamizador de la plataforma.**

NOTA

En un curso *e-learning* puede existir un foro pero si el docente u otros colaboradores no dinamizan el curso, planteando interrogantes, aportando recursos o

Continúa en página siguiente >>

<< Viene de página anterior

dando retroalimentación a los participantes, puede suceder que el foro quede totalmente "vacío" y este recurso desaprovechado. Debido a esto, es tan prioritaria la figura del formador, docente, tutor o dinamizador.

Por lo tanto, el factor humano en un curso *e-learning* es esencial, desde las diferentes perspectivas del desempeño de diversos **roles:**

⮕ El **alumnado,** que es el centro del proceso y para quien están pensadas todas las actividades y acciones que se plantean.
⮕ El **personal docente,** que debe hacer todo lo posible para que el curso se mantenga activo, vivo, y despertando el interés de todos los participantes.

IMPORTANTE

Para realizar con éxito esta labor tan compleja, la formación del profesorado resulta fundamental, no solo a nivel tecnológico, sino pedagógico y metodológico.

RECUERDA

Los componentes de la formación *e-learning* se estructuran en tres dimensiones perfectamente integradas: tecnológica, pedagógica y social.

----

4. *E-learning* y Formación para el Empleo

La formación profesional va adquiriendo cada vez más importancia y mayor reconocimiento social, entendiéndose que es necesaria para la capacitación del alumnado y su futura incorporación al mundo laboral.

La formación profesional se centra en un proceso de entrenamiento integral por competencias. Las competencias profesionales incluyen conocimientos, habilidades y actitudes. Los conocimientos están relacionados con el "saber". Las habilidades o los procedimientos están relacionados con el "saber hacer". Y, las actitudes están relacionadas con el "saber ser", el "saber estar" o el "querer hacer". La formación profesional se centra principalmente en el desarrollo del "saber hacer", sin olvidar el "saber" y el "saber ser".

En los últimos años el sistema de formación profesional ha experimentado muchos cambios, en un intento europeo por **fomentar la igualdad de oportunidades y movilidad** entre los distintos estados miembros.

Dentro de esta estructura, la Formación para el Empleo ha adquirido una gran relevancia, y más concretamente la formación asociada a los **Certificados de Profesionalidad.**

 IMPORTANTE

Con los Certificados de Profesionalidad, se hace referencia y queda regulada por primera vez, mediante la legislación vigente, la modalidad de *e-learning* o teleformación para la FPE.

La formación profesional incluye prácticas no laborales en centros de trabajo, permitiendo adquirir la práctica necesaria para su incorporación al mundo laboral.

En este ámbito también se ha implantado, cada vez más, la formación *online*. Y en este sentido es fundamental que se tenga en cuenta el **perfil y**

características del alumnado, así como la necesaria **capacitación del personal docente** para ejercer sus funciones en esta modalidad.

 TAREA 1

En un centro de formación se está impartiendo un curso de "Secretariado" en modalidad presencial, cuyas clases se desarrollan de lunes a viernes en horario de 19:00 a 22:00 horas, ya que el alumnado está compuesto por personas trabajadoras.

Durante su desarrollo se ha detectado en los participantes una evidente falta de manejo de herramientas informáticas básicas, destacando dos aspectos a los que se debe dar solución:

- La mayoría no tiene la suficiente destreza al escribir en el ordenador, lo hacen muy lento o teclean de letra en letra con los dedos índices.
- No dominan todas las funcionalidades de programas de ofimática básicos, como procesadores de textos u hojas de cálculo.

Por este motivo, han decidido ofrecer de forma complementaria dos cursos, uno sobre mecanografía para personal de oficina y otro de ofimática, ¿en qué modalidad sería recomendable ofrecer estos cursos? ¿Qué medios y recursos serían clave a la hora de desarrollar cada uno de ellos?

Deberás analizar los fundamentos, características y componentes de las distintas modalidades formativas para tomar una decisión justificada al respecto.

5. Resumen

Los cambios que han tenido lugar a nivel tecnológico y social han provocado en el ámbito laboral la **necesidad de reciclaje y capacitación profesional.** Esto ha hecho que se experimente un **auge del *e-learning* o formación *online*.**

El *e-learning* es una modalidad formativa que se identifica por su **carácter no presencial** y la **integración de las TIC** en el proceso de enseñanza-aprendizaje, siendo fundamental la comunicación e interacción entre las personas participantes.

Estas características permiten superar barreras espacio-temporales, adaptarse a las necesidades específicas del alumnado o estar constantemente actualizados, y el *e-learning* ha experimentado esa creciente demanda.

Pero el *e-learning* no ha surgido tal y como se conoce actualmente, ha pasado por diferentes fases desde sus inicios con la enseñanza por correspondencia, y aún hoy día sigue en **constante evolución,** teniendo en cuenta e integrando en su metodología todos los avances que siguen produciéndose, como la realidad aumentada, gamificación, geolocalización, etc.

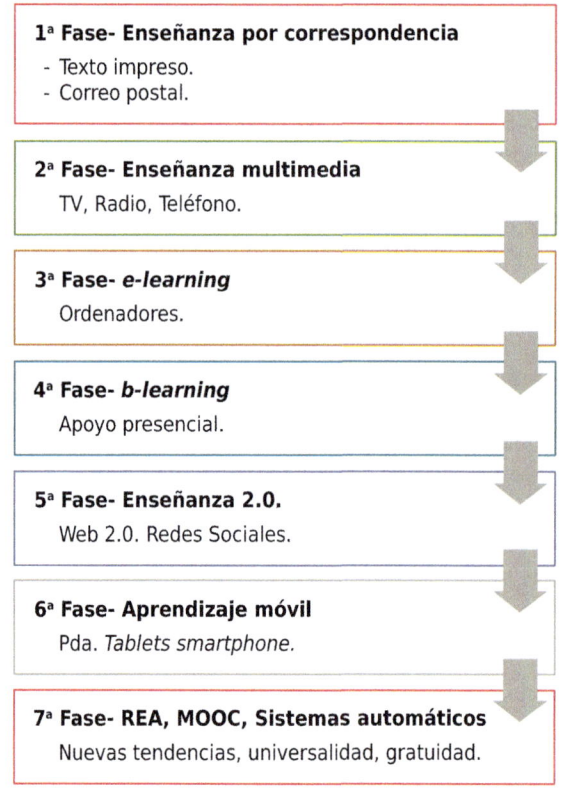

1ª Fase- Enseñanza por correspondencia
- Texto impreso.
- Correo postal.

2ª Fase- Enseñanza multimedia
TV, Radio, Teléfono.

3ª Fase- *e-learning*
Ordenadores.

4ª Fase- *b-learning*
Apoyo presencial.

5ª Fase- Enseñanza 2.0.
Web 2.0. Redes Sociales.

6ª Fase- Aprendizaje móvil
Pda. *Tablets smartphone.*

7ª Fase- REA, MOOC, Sistemas automáticos
Nuevas tendencias, universalidad, gratuidad.

Por su constante actualización, es necesario no perder de vista ninguna de las **dimensiones** que lo componen: **pedagógica, tecnológica y social,** para que se lleve a cabo un proceso de calidad. En este sentido, deben seguirse las pautas y recomendaciones dadas por la norma **UNE 66181:2012** Gestión de la calidad. Calidad de la formación virtual.

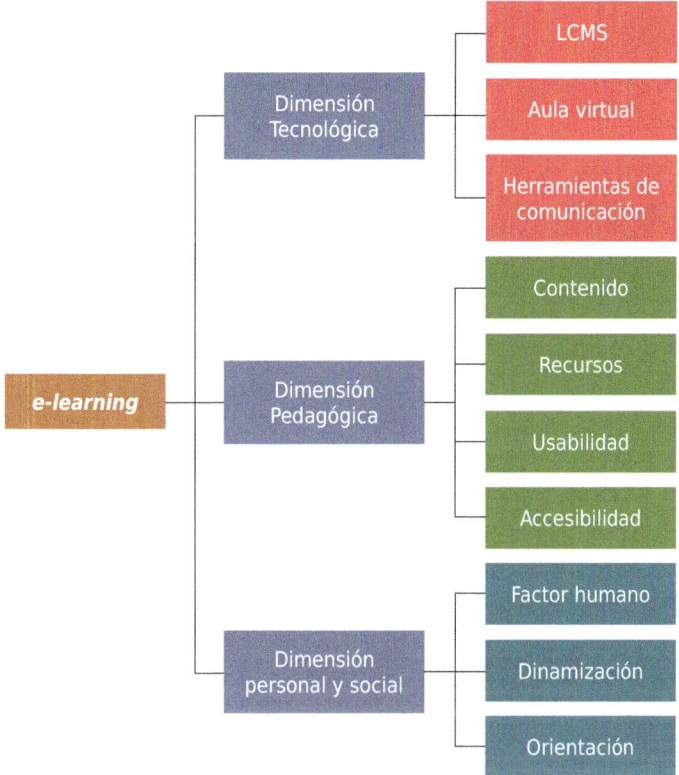

El **Sistema de Formación Profesional** también ha evolucionado y se ha reestructurado en los últimos años, contemplando a su vez, el uso del *e-learning* para su impartición. Han adquirido especial relevancia el **Sistema de Formación Profesional para el Empleo** y los **Certificados de Profesionalidad.**

Ejercicios de autoevaluación
Unidad de Aprendizaje 1

1. Indica si la siguiente oración es verdadera o falsa: "La web 2.0 es el conjunto de herramientas y aplicaciones de internet, que ha permitido que la persona usuaria pase de ser un sujeto pasivo a participar activamente en la red, utilizando los medios disponibles en internet, como son las redes sociales, blogs, wikis, etc.".

   ■ Verdadero
   ■ Falso

2. Indica si la siguiente oración es verdadera o falsa: "Algunas de las herramientas que proporciona la web 2.0 para interactuar con usuarios y participar de forma activa en internet son *X, Facebook, Flickr, Youtube*".

   ■ Verdadero
   ■ Falso

3. ¿Cuál es la modalidad formativa que se identifica por su carácter no presencial y la integración de la TIC en el proceso de enseñanza-aprendizaje, siendo fundamental la comunicación e interacción de los participantes?

   a. *b-learning*
   b. OA
   c. *e-learning*
   d. PLE

4. Indica si la siguiente oración es verdadera o falsa: "La modalidad *e-learning* no integra en su metodología algunos avances más actuales como la gamificación, realidad aumentada, geolocalización".

   ■ Verdadero
   ■ Falso

5. ¿Qué otras denominaciones se usan para referirse al *e-learning*?

    a. Teleformación, formación virtual, formación *online*, formación no presencial.
    b. Teleformación, formación virtual, formación *online*, formación no presencial, educación a distancia.
    c. Formación *online, b-learning,* formación a distancia, teleformación.
    d. Todas las opciones son incorrectas.

6. Indica en qué fase de la evolución de la educación a distancia surge el *mobile learning*:

    a. Enseñanza por correspondencia
    b. Enseñanza multimedia
    c. Enseñanza 2.0
    d. Aprendizaje móvil

7. Indica si la siguiente oración es verdadera o falsa: "A pesar de la importancia de las tecnologías, son claves los modelos pedagógicos y la metodología didáctica, que permiten llevar a cabo un proceso educativo de calidad".

    ■ Verdadero
    ■ Falso

8. ¿En qué dimensión el alumno debe ser el centro del proceso de enseñanza-aprendizaje?

    a. Dimensión tecnológica
    b. Dimensión pedagógica
    c. Dimensión social y personal
    d. Todas las opciones son correctas.

9. Indica si la siguiente oración es verdadera o falsa: "Una ventaja del *e-learning* es la interacción y comunicación multidireccional constante con las personas por lo que es imposible sentir solo".

    ■ Verdadero
    ■ Falso

10. **¿Qué formación ha tomado más relevancia dentro de la formación para el empleo gracias a la modalidad *e-learning*?**

    a. La formación asociada a los Certificados de Profesionalidad
    b. La formación capacitada
    c. La enseñanza asistida por ordenador (EAO)
    d. La formación a través de MOOC

Funciones, habilidades y competencias del tutor-formador

Contenido

Objetivos

Los objetivos generales de esta Unidad de Aprendizaje son:

→ Desarrollar las capacidades y competencias necesarias para tutorizar acciones formativas en modalidad *e-learning*.

→ Desempeñar los roles y funciones propias del personal docente en la formación *online*.

Los objetivos específicos de esta Unidad de Aprendizaje son:

→ Conocer la evolución de los roles y responsabilidades del tutor-formador en el contexto del *e-learning*.

→ Analizar el perfil de los estudiantes en la formación en línea.

→ Adaptar estrategias de tutoría según las necesidades de los alumnos.

→ Identificar las habilidades docentes requeridas para la formación para el empleo en línea.

→ Definir las competencias tutoriales necesarias para el éxito en la formación en línea.

→ Explorar las funciones principales del formador-tutor.

1. Introducción

Ante los cambios sociales, el desarrollo tecnológico, la globalización de la información en la sociedad del conocimiento, y la consiguiente influencia de estos factores en el sector educativo; la formación del personal docente para el desempeño de los nuevos roles que se les exige es un tema que abarca, en la actualidad, una gran atención.

Desde el ámbito formativo es necesario preparar a las personas para hacer frente a los avances y cambios que tienen lugar cada día a un ritmo vertiginoso, preparándoles para el aprendizaje, la resolución de problemas y para enfrentarse a las nuevas situaciones que se les presentan.

Y estos son los nuevos retos que debe afrontar el personal docente, enseñando al alumnado a aprender, para lo cual deben desarrollar primero en sí mismos, y después en el alumnado, una serie habilidades, actitudes y competencias.

Este último término, competencias, aunque existente desde hace mucho tiempo, está adquiriendo ahora una mayor relevancia, y se está abordando desde diferentes perspectivas y dimensiones.

En la formación *online* o *e-learning,* un aspecto que forma parte de estas dimensiones y es esencial para las nuevas funciones del personal docente, son las competencias tecnológicas, que junto con las competencias culturales (dominio de la materia), competencias pedagógicas (aspectos didácticos) y competencias personales (características personales), constituyen las cuatro dimensiones principales para el ejercicio de la docencia.

En esta unidad se analizarán esas capacidades y competencias necesarias para tutorizar acciones formativas *e-learning* y los diferentes roles y funciones que debe desempeñar el personal docente en dicha modalidad.

2. *E-learning* y nuevos roles

El proceso de diseño, implantación y evaluación de un curso *e-learning* requiere la colaboración de **diferentes perfiles profesionales,** que necesitan unas competencias y habilidades distintas a las utilizadas en la enseñanza tradicional para cumplir sus funciones.

Por eso, con el auge de la formación *e-learning*, son muchos los profesionales de la formación que han tenido que reciclarse para adaptarse a esta modalidad.

Según el "Estudio sobre competencias profesionales para *e-learning*", del Grupo de investigación IDEA (2013), dentro del **equipo de trabajo** se identifican los siguientes **perfiles** (aunque una misma persona puede representar varios de ellos):

⮑ Experto en contenido
⮑ Diseñador multimedia
⮑ Administrador de plataforma
⮑ Coordinador
⮑ Experto en metodología
⮑ Diseñador web
⮑ Tutor
⮑ Gestor

Todos ellos han tenido que formarse y prepararse para los cambios acontecidos, junto al **alumnado,** que también ha visto modificado el papel a desempeñar en el proceso de enseñanza-aprendizaje.

3. Perfil del alumnado

En la formación *online,* los destinatarios de la gran variedad de acciones formativas suelen ser personas adultas procedentes de diferentes ámbitos: laboral (personas trabajadoras de todos los sectores empresariales), universidad o personas en situación de desempleo. En todos los casos, se persigue el mismo objetivo: mejorar sus competencias profesionales y personales.

Por este motivo **el alumnado pasa de ser un sujeto pasivo a ser el protagonista de la acción formativa,** eligiendo el camino a seguir según sus intereses y necesidades. Se convierte en el centro del proceso de enseñanza-aprendizaje.

Pero esto no es una tarea fácil, para poder dirigir correctamente las acciones y decisiones tomadas a la consecución de los objetivos planteados, los destinatarios tienen que poseer o desarrollar una serie de **capacidades** como:

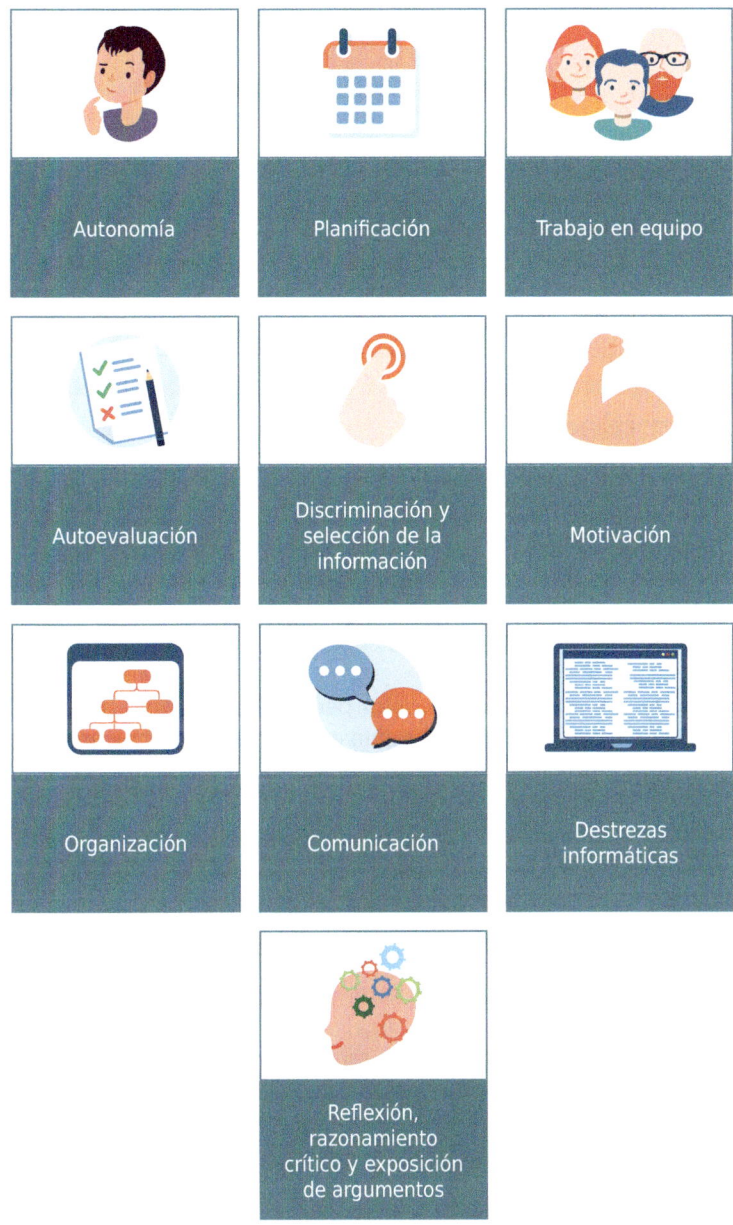

 **NOTA**

Dado que las características y competencias del alumnado han cambiado, también lo harán las funciones del docente, que debe adaptarse y dar respuesta a las nuevas necesidades que le plantean.

----

4. Las habilidades docentes en la formación para el empleo

Tradicionalmente, **el docente era el sujeto en torno al cual giraba el proceso formativo.** Era quien proporcionaba la información al alumnado en su papel de experto en la materia y transmisor de la misma, quien decidía qué información debían recibir, cuándo y cómo, quedando el alumnado relegado a un "papel secundario", como simple receptor de la información.

Con la evolución de los modelos pedagógicos, y dependiendo de los métodos utilizados por cada docente en sus clases, en muchos casos el alumnado comenzó a adquirir más protagonismo y posibilidad de participar e interactuar en el aula.

Pero aun así, el docente sigue siendo "el experto", el que sabe de lo que habla y va a enseñar al alumnado a comprenderlo.

Sin duda, un papel muy importante, ya que sin esta **fuente de conocimiento experto,** ¿qué iban a aprender en clase?

Con la irrupción de las tecnologías, la información comienza a multiplicarse y diversificarse, pudiendo cualquier persona acceder a gran cantidad y diversidad de fuentes de información sin moverse de casa... ¿en qué lugar queda ahora el docente?

Durante mucho tiempo ha predominado la función del docente como experto en contenido.

El profesorado, lejos de quedar desplazado por esas fuentes y esa cantidad de información, **es ahora más necesario que nunca,** especialmente en la formación *e-learning,* donde la información es aún más accesible, estando tan solo "a un clic de ratón", y el alumnado puede verse atrapado en una gran red de información sin saber hacia dónde dirigirse.

IMPORTANTE

Ahora, en el papel del docente deja de predominar su faceta de experto en contenidos o transmisor de información, para adquirir mayor relevancia la de experto en metodología y guía del alumnado.

ACTIVIDAD COMPLEMENTARIA

3. Piensa en la formación que has recibido a lo largo de tu vida, desde el comienzo de la etapa escolar, y el papel que el profesorado ha desempeñado durante la misma.

   Deberás elaborar un listado sobre las capacidades y funciones que han desempeñado en el ejercicio de su profesión. ¿Has notado una evolución

Continúa en página siguiente >>

<< Viene de página anterior

en las mismas a lo largo de los años y las diferentes acciones formativas en las que has participado?

4.1. Competencias tutoriales en la formación *online*

Los cambios que el *e-learning* ha originado en el proceso de enseñanza-aprendizaje afectan a multitud de variables; se han visto modificadas las características de los destinatarios, el rol del alumnado, los métodos, los medios, los recursos, etc., y todo esto influye en el desempeño laboral del profesorado.

El personal docente necesita poseer una serie de **competencias, capacidades y características,** que les posibilite el desarrollo de sus funciones.

 **DEFINICIÓN**

Competencias tutoriales
Son el conjunto de las diferentes capacidades, entendidas estas de forma integral a nivel del "saber", "saber hacer" y "saber ser", que posee una persona para el desempeño de la acción tutorial.

Están integradas por las siguientes **capacidades:**

- ⮕ **Toma de decisiones y consenso:** el tutor o tutora debe aprovechar cualquier observación por parte del alumnado o cualquier necesidad detectada, para reorientar la acción formativa si es necesario, dando soluciones y llegando a acuerdos con los participantes sobre tareas a realizar, tiempos de entrega, etc.
- ⮕ **Dinamización:** el docente debe ser capaz de dinamizar la acción formativa, haciendo que el curso que se esté desarrollando esté en constante movimiento, con un alumnado muy activo.
- ⮕ **Transmisión de valores:** el docente debe transmitir al alumnado los valores derivados del uso de internet, como pueden ser aspectos morales o éticos, seguridad en la red, privacidad, derechos de autor, etc.

- **Motivación y autonomía:** es importante que el alumnado esté motivado y cuente con la autonomía necesaria para conseguir superar con éxito la acción formativa. Pero esta tarea no concierne solo al alumnado, el docente debe detectar los factores que inciden en el interés de los participantes, y fomentar esas capacidades en el grupo, tanto de forma individual como colectiva.

  La motivación es el interés de una persona por conseguir un objetivo marcado, los estímulos o razones que le animan a realizar determinadas acciones para llegar a conseguirlo. En ella intervienen tanto factores intrínsecos como extrínsecos.

- **Facilitación de la información:** el tutor o tutora ya no debe simplemente transmitir al alumnado la información, si no enseñarles a "moverse" por la gran cantidad de fuentes que tienen disponibles, ayudándoles a ser críticos e identificar cuáles de ellas pueden ser fiables, útiles y adecuadas para los fines perseguidos. Del mismo modo, debe ser en sí mismo una fuente de información y recursos, que facilite al alumnado en todo momento los que este necesita o requiere, y resuelva las dudas planteadas.

- **Disponibilidad:** un factor importante en un curso *e-learning* es el tiempo. El docente debe tener una disponibilidad horaria que le permita atender al alumnado dentro de los límites máximos establecidos, es decir, debe dar retroalimentación o *feedback* en un tiempo no superior a 24 horas desde que el alumno o alumna le plantea la consulta.

- **Habilidad técnica:** el docente debe tener destrezas informáticas, tanto para el manejo de la plataforma y demás herramientas utilizadas en el desarrollo de la acción formativa, como para la resolución de problemas técnicos planteados por el alumnado.

- **Adaptación a la diversidad:** debe haber adaptación a la diversidad de participantes de una acción formativa. Es importante considerar los diferentes estilos de aprendizaje y características propias, y adaptar el material, dinámicas, etc., a los mismos.

- **Evaluación y seguimiento:** el docente debe estar atento de forma permanente al seguimiento y evaluación del alumnado, así como del proceso formativo. Debe estar pendiente en todo momento del avance del grupo, identificando a aquellos participantes que puedan estar en riesgo de abandono, para poner en práctica las acciones necesarias para "su rescate".

  Por ejemplo, en la primera semana de curso el tutor o tutora debe estar pendiente del acceso de los participantes. Si hay alguien que no accediera al mismo debe ponerse en contacto con esa persona, por cualquiera de los medios disponibles, para enterarse de cuál es el motivo por el que no ha accedido y ayudarle en caso de que sea por problemas técnicos o falta de conocimiento sobre el proceso, o instarle a hacerlo, en caso de que haya sido por otros motivos, como la falta de tiempo.

- **Colaboración:** en los cursos *e-learning* la colaboración es un factor clave, tanto para la construcción conjunta del conocimiento como para el fomento de la interacción e incremento de la motivación de los participantes.

El tutor o tutora debe desarrollar los valores del trabajo en equipo y colaborativo entre el alumnado a través de las acciones y tareas planteadas.

⮞ **Comunicación:** el docente debe mostrar habilidades comunicativas, aprovechando las diferentes herramientas de comunicación disponibles, con el objetivo de crear un entorno interactivo y participativo, en el que el alumnado se sienta cómodo y seguro.

El personal docente debe establecer un sistema de comunicación multidireccional y proporcionar al alumnado retroalimentación positiva.

 ACTIVIDAD COMPLEMENTARIA

4. Analiza los factores, tanto internos como externos, que te hacen estar motivado en la realización de un curso *e-learning.* Además de los factores personales internos, ¿cómo debe ser el curso para ayudarte a incrementar tu interés o motivación por el mismo?

5. Funciones, habilidades y competencias del formador-tutor

El docente de un curso *e-learning* desempeña un papel fundamental durante el desarrollo del mismo, debe ser un referente para el alumnado en todos los sentidos. Hay que tener en cuenta que es su principal contacto y apoyo durante el proceso, el que les hace sentir la seguridad de que tras los medios tecnológicos y digitales, hay un proceso pedagógico bien organizado y planificado, y les proporciona seguridad ante la soledad e inquietudes que puedan sentir.

Por ello, todo **el proceso de autorización debe estar bien diseñado y planificado mediante el Plan de Acción Tutorial,** y para llevarlo a cabo, el personal docente debe desempeñar una serie de funciones específicas.

DEFINICIÓN

Plan de Acción Tutorial o PAT
Es un **instrumento que sirve de orientación al docente,** en el que se establecen las líneas de actuación y pautas para la gestión y planificación de la tutoría, especificándose todas las acciones y procesos que han de llevarse a cabo durante el desarrollo de la acción formativa.

- -

El tutor o tutora debe poseer todas las habilidades y competencias necesarias para dirigir la acción formativa en un entorno virtual, comprendiendo y controlando todos los factores que influyen en el mismo, incluido el tecnológico. Así, sus funciones en este tipo de entornos van más allá de las tradicionales.

Como has visto, estas **competencias** comprenden:

Así, sus funciones en este tipo de entornos van más allá de las tradicionales.

Son varios los autores que han analizado las **funciones que desempeña el personal docente** en un curso *e-learning.* Sintetizando, estas funciones son las siguientes:

- ➲ Pedagógica
- ➲ Orientadora
- ➲ Tecnológica
- ➲ Organizativa y de gestión
- ➲ Diseño y evaluativa
- ➲ Análisis e innovación

NOTA

Aunque algunas de las funciones tutoriales que hay que desempeñar en un curso *e-learning* son similares a las funciones tradicionales, estas se han visto en parte modificadas y ampliadas al incorporarse nuevas funciones docentes, como la tecnológica.

5.1. Función pedagógica

Aunque las funciones del tutor o tutora se han diversificado, la función pedagógica y académica, relacionada con el **ámbito cognoscitivo,** debe estar presente en cualquier tipo de acción formativa.

El personal docente debe estar capacitado para facilitar el aprendizaje a sus alumnos/as, tanto como experto en el contenido tratado como en metodologías. Sin embargo, al tratarse de modalidad *e-learning* debe llevar a cabo unas tareas específicas.

IMPORTANTE

La tutora o tutor debe ayudar al alumnado a adquirir autonomía para el proceso de autoaprendizaje, no simplemente transmitiéndoles información.

El docente no debe ser únicamente el experto en la materia, sino actuar como facilitador del aprendizaje, procurando que el alumnado desarrolle la autonomía suficiente para ser agentes protagonistas y activos de su proceso de enseñanza-aprendizaje.

Algunas de la **tareas concretas** que desempeña el personal docente al realizar esta función, son:

- **Informar al alumnado sobre objetivos y contenidos:** da información acerca de los objetivos y contenidos del curso, ampliando y ayudando a su comprensión por parte del alumnado.
- **Contextualizar y dar significado al contenido:** contextualiza los objetivos y contenidos del curso, integrándolos en el conjunto e interrelacionando unos contenidos con otros, así como con los intereses de los participantes, dotándolos de significado y mostrando su utilidad.
- **Seguir la planificación y desarrollo del proceso:** sigue la planificación y desarrollo del proceso de enseñanza-aprendizaje, dando alternativas posibles para alcanzar los objetivos propuestos, asegurándose de que el alumnado los alcanza, o realizando adaptaciones en caso de detectarse la necesidad.
- **Conectar el aprendizaje con la realidad profesional:** conecta el aprendizaje con la realidad profesional, mediante la proposición de actividades prácticas.
- **Anticiparse a las dificultades y atender consultas:** intenta anticiparse a las dificultades que puedan surgir para prevenirlas, o en su caso, responde y da retroalimentación ante las dudas y consultas del alumnado dentro de los límites de tiempo establecidos (24 horas).
- **Facilitar recursos:** pone a disposición del alumnado los recursos necesarios para complementar y reforzar el contenido, o ampliarlo, facilitando la integración y uso de los mismos.
- **Proponer metodologías:** propone metodologías de estudio al alumnado, consensuando secuenciación de contenido, tiempos, etc.
- **Moderar la participación:** modera la participación del alumnado en los espacios de comunicación, dirigiendo y sintetizando sus aportaciones.

 ACTIVIDAD COMPLEMENTARIA

5. En un curso para una Administración pública de "Atención al público", en el que hay que debatir en el foro sobre diferentes problemas planteados, y finalmente, entregar una actividad individual sobre la resolución de los mismos, una alumna no realiza aportación alguna al debate, y al entregar la actividad, simplemente copia y pega lo que otros/as compañeros/as han escrito en el foro.

Continúa en página siguiente >>

<< Viene de página anterior

Como tutor/a, desempeñando la función pedagógica, ¿qué acciones personalizadas puedes llevar a cabo con ella para orientarle y ayudarle en el desarrollo del curso?

5.2. Función orientadora

En la formación *e-learning* el aspecto relacionado con la interacción social es muy importante, ya que el alumnado puede sentir que hay poca comunicación o contacto, haciendo parecer el proceso como algo despersonalizado y ajeno a sí mismo, un proceso del que no forman parte.

Es por ello, que el tutor o tutora desde su función orientadora y social debe conseguir todo lo contrario, **guiar y orientar al alumnado de forma personalizada,** haciéndoles sentir que son agentes importantes en el proceso, que perciban la cercanía (a pesar de la distancia) y el factor humano que entra en juego.

La labor de orientación debe estar plenamente integrada en cualquier proceso educativo, ayudando al alumnado a no desanimarse y continuar por el camino adecuado hacia la consecución de sus objetivos.

SABÍAS QUE...

Hay entidades en las que la función académica/pedagógica y de orientación/social la realizan la misma persona, y otras en las que por un lado, está la figura del "dinamizador", encargado de la orientación, motivación, socialización en el entorno virtual, etc., y por otra está la figura del "profesor", que es el experto en la materia tratada.

- -

Las **tareas que realiza el personal docente** al desempeñar esta función son las siguientes:

- **Informar al alumnado sobre métodos:** facilitar al alumnado el acceso y adaptación al entorno *e-learning,* proporcionándoles información sobre los métodos y características.
- **Impedir el aislamiento:** impedir el aislamiento, estableciendo diferentes canales de comunicación con el alumnado, entre los propios participantes y con la entidad o centro educativo, así como fomentando el trabajo colaborativo.
- **Motivar a los participantes:** motivar a los participantes, y hacerles sentir seguridad e interés ante las diferentes situaciones, dificultades o pruebas evaluativas que puedan presentarse.
- **Propiciar un ambiente de trabajo colaborativo y práctico:** propiciar un ambiente de trabajo colaborativo y orientado hacia un aprendizaje conectado con la realidad profesional, con el que los participantes se sientan cómodos y comprometidos.
- **Personalizar el sistema establecido:** personalizar en la medida de lo posible el sistema establecido, adaptando recursos, tareas, métodos, etc.
- **Dar pautas y aclaraciones:** dar pautas y aclaraciones tanto de modo colectivo como individual sobre las tareas a realizar, ayudando al alumnado a tener una visión clara de los objetivos a alcanzar.
- **Fomentar la comunicación:** fomentar la comunicación, dinamizando foros y estableciendo una relación personal con cada uno de los participantes.
- **Mantener informados a los participantes del proceso:** mantener informados a los participantes en todo momento: dando la bienvenida al curso, informándoles de su progreso, de las fechas clave como la entrega de actividades, pruebas de evaluación, etc.
- **Mantener un ritmo adecuado durante el curso:** mantener un ritmo adecuado durante el desarrollo del curso, mediante el apoyo y orientación personal de cada uno de los participantes.

NOTA

En caso de existir dos personas diferentes para el desempeño de la función de orientación y la académica, es importante el trabajo conjunto de las mismas, ya que la labor de orientación implica también el análisis del trabajo realizado por el alumnado (para poder reconducirlo o aconsejarle con el fin de conseguir mejoras), y por tanto, la necesidad de conocimiento en la materia para llevar a cabo esta labor.

ACTIVIDAD COMPLEMENTARIA

6. En un curso en modalidad *e-learning,* dos de los participantes actúan de forma muy individualizada, y ni siquiera responden a los debates planteados en los foros.

   Como tutor/a, desempeñando la función orientadora y motivadora, ¿qué acciones personalizadas puedes llevar a cabo con estas personas para lograr que se integren y participen en el curso?

5.3. Función tecnológica

La función tecnológica o técnica hace referencia a toda tarea del tutor o tutora que esté relacionada con la tecnología.

👁 EJEMPLO

Una alumna con pocas destrezas digitales que realiza por primera vez un curso *e-learning* y no utiliza el correo electrónico (un familiar le hizo una vez uno... pero no recuerda ni cómo entrar), debe recibir apoyo técnico por parte del docente o personal de apoyo técnico para comenzar a usarlo como herramienta de comunicación en el curso (ponerse en contacto con el personal docente, compañeros/as, consultar dudas, recibir información de interés para el desarrollo del curso).

Esta función puede realizarla el **equipo de apoyo técnico** de la entidad, en caso de que este exista.

De no ser así, será tarea del docente asesorar al alumnado en materia tecnológica y resolver las incidencias que se presenten a lo largo del curso.

Para ello, el docente debe contar con una serie de competencias técnicas que le permitan desarrollar esta función.

Además de poseer unas competencias digitales básicas, el docente debe transmitirlas al alumnado.

 **RECUERDA**

El docente debe poseer conocimientos y manejo básicos sobre el ordenador y sus componentes, la instalación y configuración de *software,* el uso de internet, plataformas de formación, redes sociales, sistemas de comunicación online, herramientas de la web 2.0.

En definitiva, debe poseer unas competencias digitales básicas que permitan el desarrollo del curso sin incidentes, y la solución de los mismos, en caso de presentarse.

El personal docente debe poner en práctica esas competencias mediante la realización de las siguientes **tareas:**

- ⮑ **Comprobar competencias digitales del alumnado:** comprobar que el alumnado posee las competencias básicas para desenvolverse en el entorno virtual durante el desarrollo del curso.
- ⮑ **Confirmar el correcto acceso de participantes:** confirmar que todos los participantes pueden acceder de manera correcta al *software* y herramientas utilizadas para el desarrollo del curso y saben cómo utilizarlas (plataforma, herramientas para videoconferencias, etc.).
- ⮑ **Solucionar las incidencias técnicas:** solucionar las incidencias técnicas que se produzcan y aclarar las dudas en este sentido que manifieste el alumnado.
- ⮑ **Asegurarse funcionamiento de elementos informáticos:** asegurarse de que todos los elementos informáticos, *software,* etc., funcionan correctamente.
- ⮑ **Añadir nuevos materiales y recursos:** añadir nuevos materiales y recursos al aula virtual donde se esté desarrollando la acción formativa.
- ⮑ **Dar pautas y recomendaciones sobre el manejo de las herramientas:** dar pautas y recomendaciones al alumnado sobre el manejo de las diferentes herramientas informáticas, tanto a nivel técnico como sobre el modo de usarlas, de forma responsable, crítica y segura.

 ACTIVIDAD COMPLEMENTARIA

7. Un alumno que, por su profesión, está continuamente viajando (con el empleo del tiempo que ello conlleva), está realizando un curso en modalidad *e-learning.* Posee dispositivos móviles desde los que acceder al curso, y destrezas informáticas suficientes para hacerlo.

   Como tutor/a, desempeñando la función tecnológica, ¿qué acciones personalizadas puedes llevar a cabo con este alumno para orientarle y ayudarle en el desarrollo del curso?

5.4. Función organizativa y de gestión

En una acción formativa todos los aspectos deben estar bien organizados, de forma que sean coherentes y encajen en el conjunto de la acción en sí. Así, la organización de cualquier acción formativa debe estar previamente planificada, siendo el tutor o tutora de la misma quien se encargue de seguir esa planificación.

De este modo llevará a cabo el programa según lo previsto, siguiendo las pautas para su desarrollo y los tiempos establecidos.

Las **tareas que el personal docente llevará a cabo** para el cumplimiento de esta función serán las siguientes:

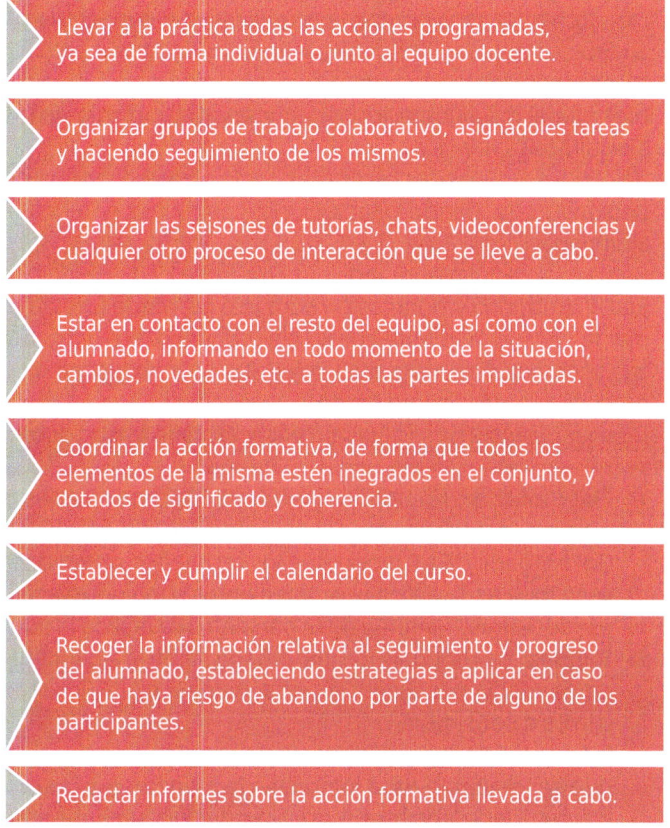

Llevar a la práctica todas las acciones programadas, ya sea de forma individual o junto al equipo docente.

Organizar grupos de trabajo colaborativo, asignádoles tareas y haciendo seguimiento de los mismos.

Organizar las seisones de tutorías, chats, videoconferencias y cualquier otro proceso de interacción que se lleve a cabo.

Estar en contacto con el resto del equipo, así como con el alumnado, informando en todo momento de la situación, cambios, novedades, etc. a todas las partes implicadas.

Coordinar la acción formativa, de forma que todos los elementos de la misma estén inegrados en el conjunto, y dotados de significado y coherencia.

Establecer y cumplir el calendario del curso.

Recoger la información relativa al seguimiento y progreso del alumnado, estableciendo estrategias a aplicar en caso de que haya riesgo de abandono por parte de alguno de los participantes.

Redactar informes sobre la acción formativa llevada a cabo.

5.5. Función de diseño y evaluación

El personal docente debe conocer bien a los destinatarios de la acción formativa, habiendo analizado previamente sus características, intereses y necesidades.

De este modo, podrán **adaptar los materiales, herramientas y métodos utilizados** al conjunto del alumnado, o de forma individualizada.

Para ello, tendrán que poner en juego unas competencias básicas de diseño y evaluación, que les permitirán llevar a cabo las siguientes **tareas:**

⮚ Crear, modificar y adaptar el contenido que se presenta a los participantes, de acuerdo a las características de los mismos, así como a las características propias de la modalidad formativa en la que se presentan.

⮚ Diseñar los recursos necesarios, que posibiliten el desarrollo de una acción formativa más completa, significativa y conectada con la realidad (vídeos, infografías, imágenes, mapas conceptuales, etc.).

⮚ Diseñar actividades prácticas, que conecten la formación con la realidad profesional del alumnado, y orientadas al cumplimiento de los objetivos y resultados previstos.

⮚ Valorar las actividades realizadas, tanto a nivel de grupo como de forma personalizada, dando orientaciones, opiniones, y recomendaciones al alumnado.

⮚ Realizar el seguimiento individualizado de cada participante, para evaluar su progreso y ponerse en contacto con cada uno de ellos personalmente (ya sea mediante correo electrónico o teléfono), para reconducir sus acciones si es necesario o felicitarles y animarles a que continúen procediendo del mismo modo.

⮚ Diseñar pruebas de evaluación eficaces, para lo que deben tener:

  ◡ **Fiabilidad:** se da cuando el resultado de las mismas es constante. Por ejemplo, si un alumno realiza una prueba de evaluación, esta debe estar diseñada de tal modo que los resultados obtenidos por el mismo sean iguales si realiza el examen hoy o si lo vuelve a realizar mañana, e independientemente de la persona que realice la corrección.

  ◡ **Validez:** se da cuando una prueba mide exactamente lo que pretende medir, por eso es importante tener claros los criterios y los objetivos a conseguir.

  ◡ **Interactividad:** en la formación *e-learning* una de las características que se fomentan es la interactividad, por lo que las pruebas de evaluación deben ofrecer retroalimentación al alumnado, sobre el estado del proceso o la explicación de los fallos cometidos. En muchos casos estas pruebas permiten la autocomprobación, sin tener que esperar a una corrección por parte del personal docente.

⮚ Llevar a cabo un proceso de evaluación integral, es decir, que además de valorar los resultados, evalúe otros aspectos del proceso como son los materiales, recursos, programa formativo, labor docente, etc.

El proceso de evaluación debe ser continuo (antes, durante y después) e integral, no una simple calificación de resultados.

 ## ACTIVIDAD COMPLEMENTARIA

8. Una de las tareas del personal docente dentro de su función de diseño y evaluación es la de diseñar actividades prácticas, ¿qué características, estructura y elementos crees que deben tener las mismas para ser realmente útiles en el proceso formativo del alumnado?

5.6. Función de análisis e innovación

El personal docente debe analizar todas las variables de la acción formativa llevada a cabo, para poder **reflexionar sobre la práctica** e introducir los cambios necesarios para una futura mejora.

Del mismo modo, debe conocer y analizar el ámbito profesional de la temática tratada, para introducir metodologías, recursos y elementos innovadores y originales que permitan llevar a cabo una acción formativa más interesante para el alumnado, significativa, amena, práctica y eficaz.

Así, las **tareas a desempeñar** dentro de este rol serán:

⮞ Analizar los puntos fuertes y débiles de la acción formativa, tanto desde un punto de vista interno como externo (análisis DAFO).
⮞ Aportar soluciones para contrarrestar los puntos débiles que han detectado en el desarrollo de la acción formativa.

⮞ Proponer acciones para seguir impulsando y fomentar aquellos aspectos positivos que se hayan detectado.

⮞ Proponer soluciones para que las metodologías y acciones llevadas a cabo se vayan adaptando a los nuevos avances y tendencias que se produzcan en el ámbito del *e-learning* y que puedan ser de utilidad para el desarrollo de la acción formativa.

El Análisis DAFO permite conocer la situación real en que se encuentra el proyecto, y planificar una estrategia de futuro

Análisis interno

Debilidad
Aspecto negativo de una situación interna y actual

Fortaleza
Aspecto positivo de una situación interna y actual

Análisis externo

Amenaza
Aspecto negativo del entorno exterior y su proyeccion futura

Oportunidad
Aspecto positivo del entorno exterior y su proyeccion futura

 **CONSEJO**

No hay que seguir e incorporar las nuevas tendencias simplemente por la novedad, deben ser provechosas para el desarrollo del proceso de enseñanza-aprendizaje que esté teniendo lugar.

ACTIVIDAD COMPLEMENTARIA

9. Selecciona una acción formativa en la que hayas participado, y realiza un análisis DAFO sobre la misma.

   ¿Qué acciones y soluciones concretas plantearía para su mejora, tras analizar los resultados de la matriz DAFO?

 TAREA 2

A continuación, se presentan varios casos que pueden darse durante el desarrollo de una acción formativa:

- Caso 1. Un alumno que no tiene destreza suficiente en el uso del ordenador o internet va a acceder a la plataforma para realizar el curso al que se ha inscrito. Enciende el ordenador, abre el navegador, introduce los datos de acceso que le han sido facilitados, pero no ve nada... ¿Y ahora qué? ¿Por qué no funciona? ¿Por qué no puede entrar al curso?
- Caso 2. Un alumno que vive en una zona rural apartada, donde nieva habitualmente, no tiene internet en casa, tiene que desplazarse al aula de cultura de su localidad en el horario del centro, y además, la conexión a internet falla con frecuencia a causa de las nevadas, por lo que está muy desanimado y perdiendo el interés por el curso "Gestión ambiental" en modalidad *e-learning* que está realizando.
- Caso 3. En un curso de "Ofimática" en modalidad *e-learning* hay cuatro personas que han decidido abandonarlo porque van muy justas de tiempo, y no se creen capaces de finalizarlo.

Siendo tutor/a de la acción formativa comentada en cada uno de estos casos, ¿cómo actuarías? ¿Qué funciones docentes de las descritas sería necesario desempeñar? ¿Qué acciones concretas llevarías a cabo dentro de las mismas?

---

6. Resumen

En el equipo de trabajo de un proyecto *e-learning* se distinguen varios **perfiles,** según el *Estudio sobre competencias profesionales para e-learning,* del Grupo de investigación IDEA: experto en contenido, experto en metodología, diseñador multimedia, diseñador web, administrador de plataforma, tutor, coordinador y gestor.

Todos ellos han tenido que prepararse para los cambios que ha traído consigo la modalidad *e-learning,* junto al **alumnado,** que pasa de ser un sujeto pasivo a ser el protagonista y **centro del proceso de enseñanza-aprendizaje.**

Asimismo, el **personal docente** debe ser capaz de adaptarse y dar respuesta a las nuevas necesidades que se le plantean, por lo que es necesario que posea una serie de **competencias,** que le permita desempeñar las diferentes funciones:

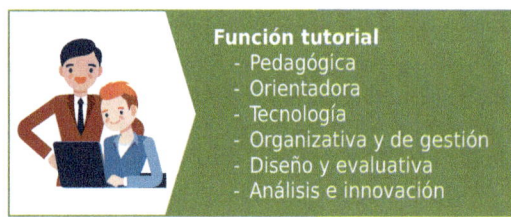

Función tutorial
- Pedagógica
- Orientadora
- Tecnología
- Organizativa y de gestión
- Diseño y evaluativa
- Análisis e innovación

Para desempeñarlas, como has visto, necesita poseer una serie de **competencias, capacidades y características,** que les posibilite el desarrollo de sus funciones. Entre ellas se encuentran las siguientes:

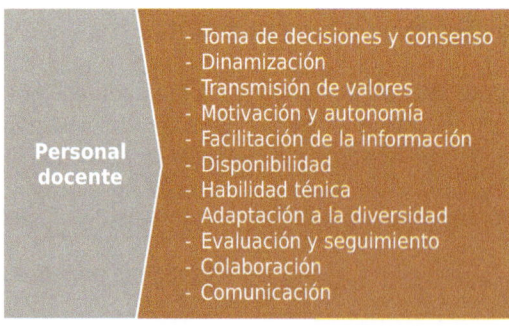

Personal docente
- Toma de decisiones y consenso
- Dinamización
- Transmisión de valores
- Motivación y autonomía
- Facilitación de la información
- Disponibilidad
- Habilidad ténica
- Adaptación a la diversidad
- Evaluación y seguimiento
- Colaboración
- Comunicación

Ejercicios de autoevaluación
Unidad de Aprendizaje 2

1. **Indica si la siguiente oración es verdadera o falsa: "El alumnado pasa de ser un sujeto pasivo a ser el protagonista de la acción formativa."**

   ■ Verdadero
   ■ Falso

2. **¿Cuáles de estas capacidades tiene que desarrollar el alumno en su proceso de formación *e-learning*?**

   a. Autonomía
   b. Planificación
   c. Discriminación y selección de la información
   d. Todas las opciones son correctas.

3. **Indica si la siguiente oración es verdadera o falsa: "En la modalidad *e-learning* la figura docente o profesor no es tan necesario como en otras modalidades de enseñanza".**

   ■ Verdadero
   ■ Falso

4. **¿Qué son las competencias tutoriales?**

   a. Son las capacidades a nivel del "saber hacer" y el '"saber ser", que posee una persona para el desempeño de la acción tutorial.
   b. Son solo aquellas capacidades, entendidas estas de forma integral a nivel de "saber hacer", que posee una persona para el desempeño de la acción tutorial.
   c. Son el conjunto de las diferentes capacidades, entendidas estas de forma integral a nivel del "sabe", "saber hacer" y "saber ser", que posee una persona para el desempeño de la acción tutorial.
   d. Son el conjunto de capacidades, entendidas estas de forma integral a nivel de "saber estar", "saber hacer" y "saber ser", que posee una persona para el desempeño de la acción tutorial.

5. **Indica si la siguiente oración es verdadera o falsa: "A la capacidad donde el tuto debe aprovechar cualquier observación por parte del alumnado o cualquier necesidad detectada, para reorientar la acción formativa si es necesario, dando soluciones, se le llama motivación y autonomía".**

   ■ Verdadero
   ■ Falso

6. **La capacidad dinamización debe ser desarrollada por...**

   a. ... el alumno.
   b. ... el docente.
   c. ... el alumno y docente.
   d. ... la dinamización no es una capacidad necesaria para la modalidad *e-learning*.

7. **Indica cuál de estas capacidades son desarrolladas por el docente y el alumno:**

   a. Trabajo en equipo
   b. Motivación y autonomía
   c. Adaptación a la diversidad
   d. Transmisión de valores

8. **¿Qué es el Plan de Acción Tutorial?**

   a. Es un instrumento que sirve de orientación al alumno, en el que se establecen las líneas de actuación y pautas para la gestión y planificación de enseñanza, especificándose todas las acciones y procesos que han de llevarse a cabo durante el desarrollo de la acción formativa.
   b. Es un instrumento que sirve de orientación al docente, en el que se establecen las líneas de actuación y pautas para la gestión y planificación de una acción formativa.
   c. Es un instrumento que sirve de orientación tanto para el docente como para el alumno, en el que se establecen las líneas de actuación y pautas para la gestión y planificación de la tutoría, especificándose todas las acciones y procesos que han de llevarse a cabo durante el desarrollo de la acción formativa.

d. Es un instrumento que sirve de orientación al docente, en el que se establecen las líneas de actuación y pautas para la gestión y planificación de la tutoría, especificándose todas las acciones y procesos que han de llevarse a cabo durante el desarrollo de la acción formativa.

9. **La función del docente que está relacionada con el ámbito cognoscitivo es...**

   a. ... la función pedagógica.
   b. ... la función orientadora.
   c. ... la función tecnológica.
   d. ... la función organizativa y de gestión.

10. **¿En qué función el docente tiene que desempeñar la tarea de realizar un análisis DAFO?**

   a. Función pedagógica
   b. Función tecnológica
   c. Función organizativa y gestión
   d. Función de análisis e innovación

Métodos, estrategias y herramientas tutoriales. La plataforma de teleformación

Contenido

Objetivos

Los objetivos generales de esta Unidad de Aprendizaje son:

→ Conocer las herramientas disponibles en la plataforma de formación, valorando su utilidad.

→ Diseñar los métodos y estrategias didácticas adecuadas a las acciones formativas en modalidad *e-learning*.

→ Aplicar técnicas de seguimiento del aprendizaje durante el desarrollo de la acción formativa.

Los objetivos específicos de esta Unidad de Aprendizaje son:

→ Analizar las teorías del aprendizaje más relevantes para el diseño de estrategias de enseñanza en entornos *e-learning*.

→ Aplicar conceptos de diseño instruccional y metodologías *e-learning*.

→ Identificar qué es una plataforma de teleformación.

→ Desarrollar habilidades para implementar diversas estrategias tutoriales adecuadas al entorno virtual de aprendizaje.

→ Explorar recursos externos para mejorar la experiencia de aprendizaje en *e-learning*.

1. Introducción

Al analizar los procesos de enseñanza-aprendizaje, se valoran las condiciones en las que se da: conocimientos e ideas previas, conexiones de conceptos, y las capacidades cognitivas, comunicativas, etc., que se ponen en juego por parte de los agentes implicados, cuya conjunción da lugar a un aprendizaje significativo y conectado con la realidad.

Pero no siempre ha sido así, hace unas décadas no se tenían en cuenta las condiciones del aprendizaje, este se consideraba la consecuencia de lo que al alumnado se le enseñaba. La idea que se tenía era que simplemente, el docente enseña o transmite información y el alumnado la aprende, sin analizar el proceso por el que esto es posible.

Al comenzar a analizarse el proceso y los factores que influían en el mismo, así como los procesos mentales que tenían lugar, continuaron desarrollándose diferentes teorías del aprendizaje.

Según la concepción que se tenga del proceso de enseñanza-aprendizaje, el proceso formativo se fundamentará en unas teorías y principios determinados.

En el caso de la modalidad *e-learning* concretamente, son varios los principios que se tienen en cuenta, siendo posible adaptar el proceso a las diferentes situaciones del alumnado, gracias a las herramientas y medios de los que se dispone, lo que da lugar a un proceso más enriquecedor, eficaz y de calidad.

Entre esas herramientas destacan las disponibles en las plataformas de formación. Pero el tutor también cuenta con otras herramientas y recursos externos que puede utilizar como apoyo para el desarrollo de la acción formativa.

En esta unidad se analizarán los diferentes métodos y estrategias tutoriales que pueden utilizarse en modalidad *e-learning,* así como las herramientas y recursos de los que se dispone para su aplicación.

2. Los métodos y estrategias tutoriales

La modalidad *e-learning* se ha visto muy influenciada por los cambios tecnológicos, prestándose en muchas ocasiones más atención a este aspecto que al pedagógico, por su rápido avance.

Pero toda práctica debe tener unos **fundamentos teóricos** bien consolidados y aceptados, que permitan conseguir un alto grado de calidad en el proceso.

Asimismo, para asegurar la calidad de la acción formativa, además de tener unas bases teóricas consolidadas y aceptadas, es necesaria su aplicación práctica, realizando la **adaptación de métodos y estrategias** a los nuevos entornos de aprendizaje, de manera que se pueda aprovechar todo el potencial y recursos que ofrecen.

Para este propósito, se siguen los métodos y estrategias tradicionales en la enseñanza, pero adaptadas a los nuevos formatos y medios.

Las teorías del aprendizaje explican cómo se adquieren nuevos conocimientos: forma de organizar y estructurar información, técnicas, métodos.

2.1. Teorías del aprendizaje

A lo largo de los años son varias las teorías del aprendizaje que se han desarrollado, adscritas a las **corrientes pedagógicas** predominantes en cada momento.

Las corrientes principales, que se analizarán a continuación, son las siguientes:

| Conductismo | Cognitivismo | Constructivismo | Conectivismo |

La adaptación que se realice de esos métodos y el uso de una combinación de estrategias u otra dependerá, de cualquier modo, de la acción formativa en particular, su temática, recursos disponibles, objetivos, alumnado de la misma y estilos de aprendizaje.

 **IMPORTANTE**

Los distintos modelos pedagógicos no son excluyentes. En una misma acción formativa se pueden utilizar diferentes técnicas y métodos, en los que se combine el uso de varios de ellos.

- -

Conductismo

El conductismo surgió a principios del siglo XX, siendo su objetivo estudiar la **conducta observable.**

Las teorías conductistas del aprendizaje consideran el conocimiento como "objetivo e independiente al individuo". Por lo tanto, si una persona adquiere una serie de conductas observables, se entiende que está aprendiendo.

Pero desde estas teorías **no se analizan los procesos mentales** que han tenido lugar para que esto suceda.

El entorno se considera un conjunto de estímulos-respuesta, por lo que los métodos utilizados consisten en la manipulación de las diferentes variables del entorno, de manera que al cambiar el estímulo, se vea modificada la respuesta del individuo, y por tanto, su conducta. Así, se entiende que el aprendizaje que se da se debe únicamente a esa experiencia.

¿Cómo consideran estas teorías los diferentes aspectos del proceso de enseñanza-aprendizaje?

- ➲ **Objetivos:** son definidos por el personal docente, que considera conductas observables que pueden ser medidas fácilmente y contrastadas, y son el resultado del cambio de comportamiento en el alumnado tras el proceso de aprendizaje.
- ➲ **Roles:** el personal docente es el que dirige y diseña todo el proceso, mientras que el alumnado tiene un papel pasivo, que recibe estímulos externos y aprende por memorización o repetición de conductas.
- ➲ **Interacción:** los procesos de interacción son unidireccionales, siendo el tutor o tutora quienes se comunican con el alumnado enviándole estímulos, sin que haya ninguna aportación por parte de estos.
- ➲ **Evaluación:** es cuantitativa, mediante la realización de exámenes o cuestionarios que permitan medir la consecución de los objetivos establecidos.

¿Y en qué lugar quedan las TIC en estos procesos?

Las **TIC** se utilizan, siguiendo esta corriente, para programar acciones formativas muy estructuradas, en las que se insista mucho en el contenido, de forma repetitiva, y se presenten *test* para verificar la asimilación del mismo por parte del alumnado, usando un sistema de castigo en caso de que la respuesta sea errónea.

 **EJEMPLO**

Algunos ejemplos de teorías representativas de este modelo son:

- **Skinner:** condicionamiento operante.
- **Watson:** condicionamiento clásico en conducta humana.
- **Pavlov:** condicionamiento clásico.
- **Bandura:** aprendizaje por observación o modelado.
- **Thorndike:** aprendizaje por ensayo/error, Ley del efecto.

Cognitivismo

El cognitivismo surgió a mediados del siglo XX, siendo su objetivo estudiar los procesos mentales que intervienen en el **proceso de enseñanza-aprendizaje.**

Las teorías cognitivistas del aprendizaje consideran que el aprendizaje se produce a partir de **experiencias y conocimientos previos,** de forma que durante el proceso se debe conseguir que el alumnado organice sus esquemas mentales para adquirir el conocimiento deseado.

¿Cómo consideran estas teorías los diferentes aspectos del proceso de enseñanza-aprendizaje?

- ⮑ **Objetivos:** son el desarrollo de un aprendizaje significativo, así como de una serie de capacidades y habilidades para el aprendizaje.
- ⮑ **Roles:** el personal docente es el encargado de diseñar acciones didácticas significativas y de interés para el alumnado, que es el protagonista del aprendizaje, responsable del procesamiento de la información, gracias al desarrollo y puesta en funcionamiento de sus capacidades para el aprendizaje.
- ⮑ **Interacción:** mediante la misma se consigue crear un buen ambiente, con una elevada participación, que dé lugar a la adquisición del conocimiento, partiendo de las ideas previas. El personal docente deberá dar retroalimentación de forma continua.
- ⮑ **Evaluación:** es cualitativa, prestándose mayor atención a los procesos de aprendizaje que han tenido lugar y estrategias utilizadas, que a la adquisición de conocimientos específicos.

¿Y en qué lugar quedan las TIC en estos procesos?

Las **TIC** se utilizan, siguiendo esta corriente, para fomentar la participación e interacción entre el alumnado, considerándose estas un recurso muy útil para el aprendizaje. Del mismo modo, mediante ellas se pueden crear aplicaciones informáticas que favorezcan el desarrollo de las capacidades cognitivas.

 **EJEMPLO**

Algunos ejemplos de teorías representativas de este modelo son:

- **Gagné:** teoría de las condiciones del aprendizaje.
- **Bruner:** aprendizaje por descubrimiento guiado, andamiaje.
- **Anderson:** control adaptativo del comportamiento.
- **Gardner:** inteligencias múltiples.
- **Novak:** estructuración conceptual, mapas conceptuales para el procesamiento de información.
- **Rummelhart y Norman:** teoría general de los esquemas.

Constructivismo

El constructivismo surgió a mediados del siglo XX, siendo su objetivo el estudio de los **procedimientos y la propia acción del alumnado para la construcción del conocimiento** en el proceso de enseñanza-aprendizaje.

Las teorías constructivistas consideran que el aprendizaje se produce a partir de la **reflexión del alumnado sobre la experiencia,** dando sentido y significado a la información recibida.

¿Cómo consideran estas teorías los diferentes aspectos del proceso de enseñanza-aprendizaje?

- ➲ **Objetivos:** son la construcción del conocimiento por parte del alumnado, a través de la experiencia y las actividades prácticas, que sean útiles, relevantes y significativas en su contexto real.
- ➲ **Roles:** el personal docente coordina el proceso, actuando asimismo de facilitador y motivador/dinamizador de la experiencia educativa. El alumnado es responsable de su proceso de aprendizaje, encargado de la construcción del conocimiento en base a su experiencia y estructuración de esquemas mentales.
- ➲ **Interacción:** es constante, siendo el alumnado autónomo y responsable, y participando en el trabajo colaborativo de la comunidad educativa para la adaptación y construcción del conocimiento. Respecto al docente, ejercerá su función comunicativa, dando retroalimentación y orientación al alumnado.
- ➲ **Evaluación:** se centra en los procesos de aprendizaje que tienen lugar, y los factores afectivos y cognitivos que influyen en la construcción del conocimiento.

¿Y en qué lugar quedan las TIC en estos procesos?

Las **TIC** se utilizan para fomentar la participación e interacción entre el alumnado, así como conectar la experiencia de aprendizaje con el contexto real, de modo que el alumnado sea consciente de la utilidad y aplicación del conocimiento.

 **EJEMPLO**

Algunos ejemplos de teorías representativas de este modelo son:

Continúa en página siguiente >>

<< Viene de página anterior

- **Vygotsky:** teoría sociogenética, andamiaje, zona de desarrollo próximo y mediadores sociales.
- **Piaget:** teoría psicogenética del desarrollo, pedagogía operatoria, conflicto cognitivo.
- **Ausubel:** aprendizaje significativo.
- **Lave y Wenger:** participación periférica legítima, construcción de identidad.
- **Bransford:** instrucción anclada.
- **Hasselbring:** contextos significativos.
- **Grabinger:** desarrollo de entornos, andamiaje.
- **Spiro y cols:** flexibilidad cognitiva.

Conectivismo

El conectivismo surgió a principios del siglo XXI, siendo su objetivo estudiar la **influencia de la tecnología en los procesos de enseñanza-aprendizaje.** Son muchos los autores que consideran que no se trata de una teoría de aprendizaje, pero lo sea o no, lo cierto es que las ideas del conectivismo recogen la realidad del aprendizaje que se da actualmente a través de la red y herramientas 2.0.

Las teorías conectivistas consideran que el aprendizaje no es algo interno e individual, sino que se produce a partir de las **interacciones** (entre personas o con medios tecnológicos) y construcción de redes, el propio interés y la continua actualización y reestructuración de información.

¿Cómo consideran estas teorías los diferentes aspectos del proceso de enseñanza-aprendizaje?

- ⮑ **Objetivos:** capacitar al alumnado, mediante el uso de las TIC, en beneficio de su aprendizaje y el aprendizaje conjunto, permitiendo el desarrollo de una serie de capacidades que le posibiliten participar en la construcción del conocimiento de forma colaborativa.
- ⮑ **Roles:** el personal docente se encarga de desarrollar en el alumnado la autonomía y competencias necesarias para crear y participar en comunidades de aprendizaje. Este, por su parte, es el principal agente activo del proceso, debe ser participativo y colaborativo, formando parte de redes que le permitan la constante actualización y revisión de los conocimientos.
- ⮑ **Interacción:** el proceso será más enriquecedor cuanto mayor número de conexiones se establezcan, y mayor diversidad de perfiles y fuentes

formen parte de las mismas. Respecto al docente, ejercerá su función orientando y guiando al alumnado para el establecimiento de estas redes.

⊃ **Evaluación:** es continua, siendo el alumnado quien determina los instrumentos para llevarla a cabo.

¿Y en qué lugar quedan las TIC en estos procesos?

Las **TIC** son el eje central de esta corriente, que asegura que el uso de las mismas está produciendo profundos cambios en la forma de pensar y actuar de las personas, por lo que en el desarrollo del proceso de enseñanza-aprendizaje estarán sin duda presentes las nuevas tecnologías (redes sociales, blogs, aplicaciones web, videoconferencias, etc.), que influirán en la forma en que este se desarrolle.

 EJEMPLO

Un ejemplo de teoría representativa de este modelo es:

• **Siemens y Downes:** aprendizaje en red, conocimiento conectivo, MOOC.

 RECUERDA

El conectivismo tiene su base en la teoría del caos, el comportamiento autónomo y colaborativo y las redes sociales.

 ACTIVIDAD COMPLEMENTARIA

10. Reflexiona sobre las características de las corrientes vistas y enumera algunas de las aplicaciones de esas teorías a un curso en modalidad *e-learning*.

Teorías de la educación a distancia (EAD)

Las principales corrientes pedagógicas (conductismo, constructivismo, conectivismo...) han influenciado y tenido su aplicación en la Educación a Distancia, pero al margen de estas, se han ido desarrollando también algunas **teorías específicas de la EAD,** que García Aretio, L. (2014) sintetiza, presentando las siguientes aportaciones:

- ➲ **Industrialización:** (Peters; 1971,1993). Hay que planificar y controlar todas las fases del proceso de diseño. La que enseña es la institución, no el personal docente de forma aislada.
- ➲ **Independencia y autonomía:** (Wedemeyer; 1971, 1981). El estudiante es el que gestiona su tiempo y espacio de estudio, y el que dirige su proceso de enseñanza aprendizaje, aunque estará condicionado por el trabajo grupal y el control ejercido por la institución y personal docente.
- ➲ **Distancia transaccional:** (Moore; 1977, 2007). Destacan la importancia del diálogo y la estructuración de los materiales, estas variables, junto con la autonomía del alumnado, dan lugar a diferentes situaciones.
- ➲ **Aprendizaje colaborativo:** (Henri, 1992; Slavin, 1995). Destaca la utilidad que la comunicación mediada aporta para el aprendizaje colaborativo.
- ➲ **Comunicación bidireccional:** (Garrison; 1989, 2000). Introduce el término "Control" dentro del proceso de comunicación bidireccional.
- ➲ **Conversación didáctica guiada, interacción y comunicación:** (Holmberg; 1985, 2003). Destaca la importancia de la conversación y el diálogo, sea simulado o real.
- ➲ **Equivalencia:** (Simonson, 1999). Define el término equivalencia de resultados, independientemente del entorno de aprendizaje en que se desarrolle el proceso.

SABÍAS QUE...

La práctica en la educación a distancia ha ido avanzando y desarrollándose más en función de los avances tecnológicos que a partir de fundamentos teóricos.

Aunque existen diferentes enfoques teóricos, hasta ahora no ha existido ninguna teoría que establezca los fundamentos de la EAD, y sirva como base para el desarrollo de la práctica e investigación sobre la misma.

Por este motivo, García Aretio, L. (2014), ha querido desarrollar una teoría partiendo de los diferentes enfoques existentes, que sea integradora y global, conocida como **diálogo didáctico mediado (DDM).**

Esta teoría se basa en la idea de que en cualquier programa de educación a distancia (o *e-learning),* existen cuatro **componentes** principales:

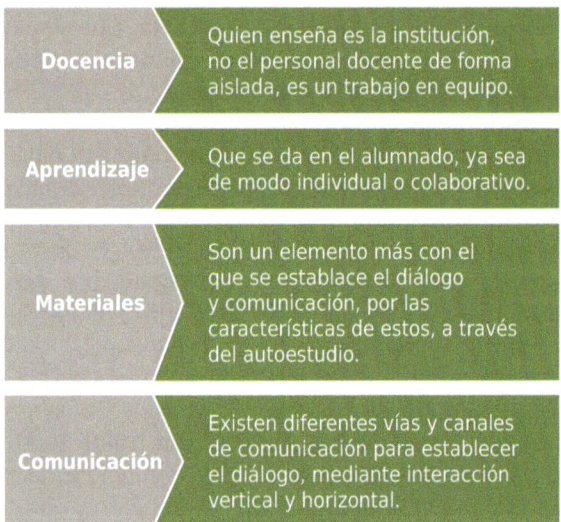

Docencia	Quien enseña es la institución, no el personal docente de forma aislada, es un trabajo en equipo.
Aprendizaje	Que se da en el alumnado, ya sea de modo individual o colaborativo.
Materiales	Son un elemento más con el que se establace el diálogo y comunicación, por las características de estos, a través del autoestudio.
Comunicación	Existen diferentes vías y canales de comunicación para establecer el diálogo, mediante interacción vertical y horizontal.

Y entre estos componentes se encuentra el **diálogo,** que en este caso es didáctico, por el objetivo que persigue, y mediado, por no darse de forma directa.

Así, teniendo en cuenta todos los componentes, se establecen diferentes **tipos de diálogos** (real, simulado, síncrono, asíncrono, vertical, horizontal, unidireccional, multidireccional, flexible, estructurado), que darán lugar al aprendizaje tanto individual como colaborativo.

Los componentes de este modelo (DDM) dan nombre al modelo y coinciden con las dimensiones del *e-learning:* social, pedagógica y tecnológica.

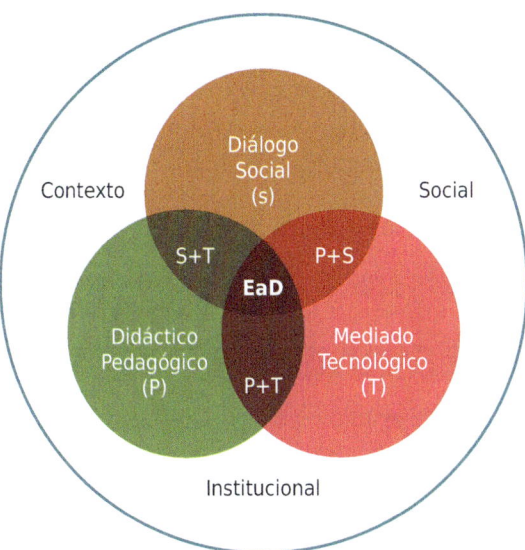

2.2. Diseño instruccional y metodología *e-learning*

Para obtener los resultados deseados en una acción formativa en modalidad *e-learning,* uno de los aspectos que hay que tener en cuenta es el diseño de la misma, en el cual queden definidos todos los elementos detalladamente: métodos, técnicas, acciones concretas, actividades, recursos; todo debe estar diseñado desde una perspectiva pedagógica, apoyada por los factores y recursos tecnológicos disponibles.

Este proceso de diseño pedagógico que se lleva a cabo antes de que comience la impartición de la acción formativa es lo que se conoce como **diseño instruccional (DI).**

Las tareas que debe llevar a cabo el diseñador o diseñadora instruccional son:

- **Planificar y organizar** las actividades a llevar a cabo, partiendo de unas bases teóricas, y asegurándose de que el material sea el adecuado, sea comprensible y permita al alumnado alcanzar los objetivos propuestos.
- **Ofrecer alternativas o soluciones** a problemas de diseño.

- ⟃ **Responder a las necesidades funcionales** de los usuarios con el producto formativo elaborado, además de a los requerimientos de diseño en cuanto al aspecto visual.
- ⟃ **Producir el contenido** de la manera más rápida y eficaz posible, para ello crea y utiliza plantillas de diseño.
- ⟃ **Aspectos técnicos:** cuidar los aspectos técnicos del producto formativo, asegurando su usabilidad.
- ⟃ **Aspectos estéticos:** cuidar los aspectos estéticos, innovando y mejorando de forma continua el producto con la concepción e implantación de nuevas ideas.

 ACTIVIDAD COMPLEMENTARIA

11. Ahora que conoces todas las tareas que lleva a cabo el diseñador o diseñadora instruccional, reflexiona sobre su realización, ¿crees que una sola persona puede tener el perfil y competencias necesarias para realizar esas funciones, o es un trabajo de equipo?

- -

Las actuaciones que se lleven a cabo durante el proceso de diseño deben dar origen a ambientes en los que se facilite la construcción del conocimiento, por lo que es importante que el diseño instruccional sea adecuado a la modalidad *e-learning,* o la efectividad de las actividades propuestas se verá disminuida a causa de una propuesta didáctica errónea.

En la formación *e-learning,* Coll (2008) plantea el **"diseño tecnoinstruccional o tecnopedagógico",** refiriéndose a las dos dimensiones presentes:

La formación *e-learning* no debe centrarse solo en el aspecto tecnológico o en el aspecto pedagógico, ya que lo uno sin lo otro no daría un resultado eficaz. Ambas dimensiones deben ir siempre unidas

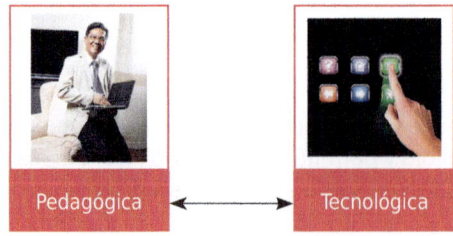

La **dimensión tecnológica** implica la selección de las herramientas más adecuadas para el proceso formativo que se va a llevar a cabo, como pueden ser la plataforma de formación, *software,* recursos multimedia, etc., analizando para ello las posibilidades y limitaciones de las mismas.

La **dimensión pedagógica** implica el análisis de las características de los destinatarios de la acción formativa, objetivos propuestos, contenido, plan de evaluación, actividades (orientando sobre el uso de la tecnología en el desarrollo de las mismas); con el fin de decidir cuáles son las propuestas más adecuadas para las diferentes situaciones de aprendizaje, y obtener así unos mejores resultados.

Modelos de Diseño Instruccional

El diseño instruccional se realiza a partir de una serie de pautas, que vienen definidas en los modelos existentes, según la concepción del aprendizaje que se vea reflejada en cada uno de ellos.

Por lo tanto, los métodos a adoptar variarán en función del modelo seguido. Entre ellos, se encuentra el Modelo ADDIE, que es un **modelo básico de diseño instruccional,** en el que se establecen las fases de diseño.

**El modelo ADDIE es un modelo cíclico, en el cual el
resultado de una fase da lugar al inicio de la siguiente**

NOTA

En las plataformas de *e-learning,* el modelo ADDIE es utilizado comúnmente como guía de trabajo a la hora de elaborar diferentes cursos o programas educativos, con el objetivo de proporcionar un enfoque estructurado capaz de cumplir con los estándares educativos exigidos, ya sea tanto en la creación, como en la impartición o evaluación de los distintos recursos educativos.

- -

Otros de los modelos utilizados en el diseño instruccional son:

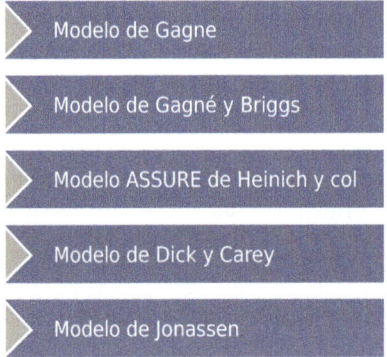

Modelo de Gagne

Modelo de Gagné y Briggs

Modelo ASSURE de Heinich y col

Modelo de Dick y Carey

Modelo de Jonassen

ACTIVIDAD COMPLEMENTARIA

12. Investiga sobre los diferentes modelos utilizados en el diseño instruccional y analiza las características principales de cada uno de ellos. ¿Qué modelo elegirías al realizar el proceso de diseño? ¿En qué te basarías para utilizar un modelo u otro?

- -

2.3. Estrategias tutoriales

Como has visto, la adaptación que se realice de los diferentes métodos y el uso de una combinación de estrategias u otra dependerá, de cualquier modo, de la acción formativa en particular, su temática, recursos disponibles, objetivos, alumnado de la misma y estilos de aprendizaje.

Aun así, algunas de las **estrategias que pueden resultar más efectivas** para conseguir los objetivos planteados y cubrir las necesidades educativas detectadas son las siguientes:

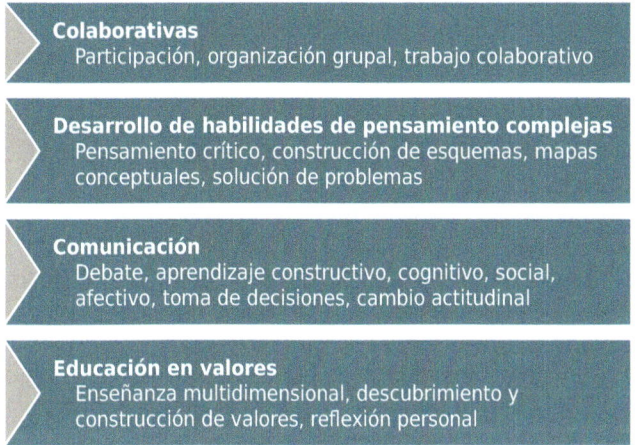

Colaborativas
Participación, organización grupal, trabajo colaborativo

Desarrollo de habilidades de pensamiento complejas
Pensamiento crítico, construcción de esquemas, mapas conceptuales, solución de problemas

Comunicación
Debate, aprendizaje constructivo, cognitivo, social, afectivo, toma de decisiones, cambio actitudinal

Educación en valores
Enseñanza multidimensional, descubrimiento y construcción de valores, reflexión personal

Además de estas estrategias encaminadas a la consecución de los objetivos planteados, más relacionadas con el contenido de la acción formativa, en el Plan de Acción Tutorial deben estar contempladas las **estrategias de motivación y estrategias de seguimiento** del alumnado.

Estrategias de motivación

En el Plan de Acción Tutorial deben estar contempladas las estrategias de motivación del alumnado, que guiarán al docente en este sentido durante el desarrollo del curso o en caso de necesidad de intervención en una situación concreta.

Algunas de las **estrategias** que se pueden utilizar son las siguientes:

- **Motivación por consecuencias:** consiste en recordar al alumnado lo que ocurrirá con el desarrollo de la acción formativa, o en su caso, qué pasará si no tiene éxito. Siempre con entusiasmo y positivismo.
- **Motivación por acercamiento a la realidad:** consiste en recordar al alumnado las razones por las que quiso realizar el curso, los motivos que despertaron su interés por el mismo.

- ⮕ **Motivación por instrucción:** consiste en dar unas pautas claras al alumnado sobre lo que debe hacer, una secuencia de acciones y tareas a realizar, de modo que al ir dando cada paso, va avanzando para llegar al final.
- ⮕ **Motivación por instrucción:** consiste en dar unas pautas claras al alumnado sobre lo que debe hacer, una secuencia de acciones y tareas a realizar, de modo que al ir dando cada paso, va avanzando para llegar al final.
- ⮕ **Motivación a corto y largo plazo:** consiste en establecer objetivos y metas a corto y largo plazo, de este modo, el alumnado orientará sus acciones a la consecución de las mismas.
  Es recomendable que el alumnado participe en el proceso de establecimiento de objetivos, tomando las decisiones de forma conjunta, así se sentirán responsables de su decisión y los resultados.
- ⮕ **Motivación por diversión y entretenimiento:** consiste en proponer actividades que les resulten amenas y divertidas, al mismo tiempo que didácticas, que las vean más como un entretenimiento que como una obligación.
- ⮕ **Motivación por plazos:** aunque una de las características de un curso *e-learning* sea la flexibilidad temporal, hay que marcar unos plazos de entrega o finalización de actividades.
  Así, en caso de que la persona no logre organizar y gestionar bien su tiempo, la existencia de fechas límite le obligará a realizar las tareas, aunque sea en el último momento.
- ⮕ **Motivación por reforzamiento:** es importante demostrar el interés por el progreso del alumnado, reconociendo y reforzando sus avances, logros y esfuerzos, centrándose siempre en sus fortalezas.
- ⮕ **Motivación grupal:** el fomento de la participación y colaboración, haciendo que se establezca un debate interesante y activo, hará que el alumnado se sienta motivado e influenciado por el resto de compañeros/as para ser parte integrante de ese equipo, incrementándose su interés por la acción formativa.

EJEMPLO

Un trabajador del sector transporte, conductor de autobuses, está realizando un curso para obtener el Certificado de Aptitud Profesional (CAP), ya que con el Real Decreto 284/2021, de 20 de abril, es obligatorio: "Ánimo, que ya estás a mitad de curso. Ya que has conseguido llegar hasta aquí, inténtalo. Si no lo finalizas, no podrás seguir conduciendo el autobús".

 **CONSEJO**

En un curso *e-learning* se pueden proponer dinámicas grupales de este tipo a través de los foros, planteando por ejemplo, una búsqueda del tesoro o juicio *(role playing)*.

 ACTIVIDAD COMPLEMENTARIA

13. ¿De qué forma llevarías a cabo la motivación grupal en un curso *e-learning*? Deberás concretar las acciones a llevar a cabo, ejemplificándolas.

Estrategias de seguimiento

En el Plan de Acción Tutorial quedarán reflejadas las acciones de seguimiento del alumnado que debe llevar a cabo el personal docente, con el objetivo de que estos finalicen el curso sin ningún incidente, aplicando estrategias de prevención del abandono en caso necesario.

Para ello, se llevarán a cabo las siguientes **acciones:**

⮩ **Seguimiento de acceso:** hay que asegurarse de que todas las personas inscritas han accedido al curso durante los primeros días de su desarrollo, de modo que si no ocurre lo anterior, el tutor o tutora debe ponerse personalmente en contacto con cada persona que se encuentre en este situación, para conocer los motivos (no se ha acordado de que comenzaba, tiene problemas técnicos, aún no ha tenido tiempo, etc.), y poder ayudarle.

 IMPORTANTE

Para ver si los participantes han accedido al curso, están disponibles las herramientas de seguimiento de la plataforma de formación, pudiendo establecer el

Continúa en página siguiente >>

<< Viene de página anterior

contacto con los alumnos o alumnas que no lo hayan hecho a través de mail o teléfono.

⮌ **Seguimiento de avance:** durante el desarrollo del curso, es importante ir comprobando que el alumnado va accediendo frecuentemente al curso y va visualizando los contenidos y realizando las actividades dentro de los plazos previstos, evitando así que queden rezagados respecto al resto de los participantes, lo que afectará al aspecto social y colaborativo de la acción formativa. Si se produce esta situación, hay que contactar con la persona para conocer los motivos del retraso, e intentar motivarle y ayudarle en todo lo posible, evitando un posible abandono.

Es importante que el alumno que quede retrasado se sienta apoyado por su tutor/a, de modo que se vea motivado a continuar, evitando un posible abandono.

⮌ **Seguimiento de incidencias:** el personal docente, además de resolver las dudas e incidencias del alumnado, debe hacer seguimiento de las mismas, hasta asegurarse de que están resueltas, y no van a suponer ningún inconveniente para el desarrollo del curso.

 **EJEMPLO**

Una alumna comenta a su tutora que no puede ver los vídeos del curso, por lo que, en una conversación telefónica, analizando con ella el *software* que tiene

Continúa en página siguiente >>

<< Viene de página anterior

instalado en su ordenador, descubren que le falta instalar unos "Codecs" para poder reproducir los vídeos.

Le indica dónde obtenerlos y cómo realizar la instalación, pero es necesario hacer el seguimiento de esta incidencia. Por tanto, pasado un tiempo estimado, la tutora se debe poner en contacto con ella para verificar que ha seguido los pasos correctamente y ya puede reproducir los vídeos sin problema.

 **EJEMPLO**

Debes organizar las acciones de seguimiento que llevarás a cabo en el curso que tutorizas, ¿cómo lo harías? ¿Qué acciones concretas realizarías?

Elabora el plan de seguimiento a llevar a cabo, indicando todas las actuaciones a realizar y momentos oportunos para ello.

Solución

Las acciones de seguimiento a realizar dependerán de muchos factores y pueden ser variadas, pero a modo de orientación, una solución podría ser la siguiente:

• El segundo día de curso se comprobará que todo el alumnado ha accedido al mismo. En caso de que haya participantes que no lo hayan hecho, se procederá del siguiente modo:

  · Se les enviará un correo electrónico recordándoles que deben acceder al curso, y se les avisará de que en caso de no hacerlo, se pondrán en contacto por teléfono.
  · Si tras el *e-mail,* no recibe respuesta alguna y la persona a la que va dirigido sigue sin acceder, se le llamará por teléfono para conocer las razones por las que no ha accedido al curso y tratar de que acceda lo antes posible.
  · En caso de que el alumno o la alumna manifieste su intención, por motivos justificados, de entrar pasados dos días, por ejemplo, se le dejará ese tiempo de plazo y en caso de no cumplirlo, se le volverá a llamar para tratar de ayudarle y orientarle en el comienzo.

Continúa en página siguiente >>

<< Viene de página anterior

- Una vez que todo el alumnado ha accedido al curso, se comprobará que va realizándolo. Para ello:

  · Diariamente, se comprobará que los/as alumnos/as van accediendo al contenido y se irá comprobando el avance y ritmo que siguen.
  · Si una persona lleva sin acceder al curso 5 días, se le animará a participar mediante *e-mail.*
  · Si una persona lleva sin acceder al curso más de 10 días y no contesta al *e-mail* recibido, se le llamará por teléfono.

- En cuanto a realización de actividades y autoevaluaciones, si el/la alumno/a no las realiza y entrega en el plazo establecido:

  · Se recordará la fecha de entrega mediante *e-mail* a las personas referidas, así como en el foro del curso de manera general.
  · Si no se recibe respuesta y pasa una semana desde la fecha prevista de entrega, se le llamará por teléfono.

- Respecto a las dudas, correcciones, e incidencias que surjan, se establecen unos plazos de respuesta:

  · Las dudas e incidencias deben recibir respuesta en un plazo de 24 horas (excepto fines de semana y festivos).
  · Al día siguiente de la resolución de una incidencia se llamará a la persona afectada, para asegurarse de que ha quedado resuelta.
  · La corrección de las actividades se realizará en el plazo de 5 días, tras la fecha de entrega preestablecida.

- Todos los datos de seguimiento: últimos accesos, punto del curso en el que se encuentra el alumno o la alumna, *e-mails* enviados, llamadas realizadas, incidencias comunicadas, y toda la información que pueda resultar de interés quedará reflejada en un documento de seguimiento o base de datos de seguimiento.

 TAREA 3

Imagina que debes plantear la metodología a utilizar durante el curso sobre "Manipulación de alimentos" en modalidad *e-learning* que vas a tutorizar.

Continúa en página siguiente >>

<< Viene de página anterior

En él deseas incluir aplicaciones de las diferentes corrientes pedagógicas en *e-learning:* conductismo, cognitivismo, constructivismo, conectivismo. De este modo, consideras que atenderá mejor a la diversidad del alumnado.

De entre las siguientes actuaciones, selecciona las correspondientes a cada una de las corrientes mencionadas, analizando los elementos que las caracterizan dentro de la corriente a la que pertenecen.

1. El tutor plantea una investigación guiada, por ejemplo a través de una *webquest* (actividad estructurada y guiada), que el alumnado debe llevar a cabo. Es lo que se conoce como aprendizaje por descubrimiento.
2. La participación en el curso y en los debates en las redes sociales asociadas al mismo, es abierta.
3. Se usan casos prácticos para ejemplificar y guiar el desarrollo del contenido.
4. Se plantea la resolución de un caso de forma conjunta con el grupo, a través de un foro de discusión.
5. El alumnado recibe retroalimentación constante sobre las acciones llevadas a cabo (tareas, intervenciones, etc.), a modo de refuerzo.
6. A lo largo del curso hay autoevaluaciones que el alumnado puede realizar.
7. Se usan videotutoriales para presentar contenidos procedimentales.
8. Se presenta una actividad en la que el alumnado debe leer un texto y, conforme a la temática expuesta, se le propone una serie de cuestiones para su razonamiento.
9. Se propone la creación de un blog o una wiki.
10. Se usan simuladores, donde el alumnado debe tomar decisiones y actuar de la manera que crea más conveniente. Es lo que se conoce como aprendizaje basado en problemas.

- -

 TAREA 4

Estás tutorizando un curso sobre "Habilidades de comunicación", y realizando el seguimiento del módulo 1 de dicho curso. Este módulo tiene una duración de 15 horas, de las cuales 12 horas corresponden al estudio del contenido, y 3 horas a la realización de una actividad final del módulo.

Has recopilado los siguientes datos sobre el acceso al contenido del módulo 1 y la realización de las actividades correspondientes por parte del alumnado:

Continúa en página siguiente >>

<< *Viene de página anterior*

- Si el alumno efectivamente ha accedido al contenido.
- Si lo ha visualizado por completo.
- En qué punto o pantalla del temario se encuentra.
- El tiempo que ha dedicado al estudio del mismo.
- Puntuación obtenida en el test de autoevaluación incluido en el SCORM.
- Puntuación obtenida en la actividad final del módulo.

Participantes	Visualización Módulo 1 (%)	Tiempo acceso	Autoevaluación	Actividad final	Módulo 1 (Superado/ No superado)
Caso 1	Completo (100 %)	13 horas	8	7	
Caso 2	Incompleto (25 %)	3 horas	No realizada	2	
Caso 3	Completo (100 %)	2 horas	3	4	
Caso 4	Sin acceso	Sin acceso	No realizada	No realizada	
Caso 5	Completo (100 %)	11 horas	7	No realizada	

A partir de los datos recopilados, deberás analizar la situación en la que se encuentra cada alumno/a e indicar las estrategias que aplicarías en cada caso.

3. ¿Qué es una plataforma de teleformación?

La plataforma de formación es una **aplicación informática** que se encuentra instalada en un servidor permitiendo que, una vez que el alumnado acceda a la misma, disponga de todos los recursos y herramientas necesarias para **gestionar el proceso de enseñanza-aprendizaje.**

Se puede considerar el equivalente a un centro de enseñanza, en la modalidad *e-learning,* con la ventaja espacio-temporal que ello conlleva, no siendo necesario desplazarse para acceder a ella, y pudiendo hacerse en cualquier momento.

Además, el personal docente dispone en ella de todas las herramientas necesarias para tutorizar el curso y hacer el seguimiento y evaluación del proceso educativo que tiene lugar.

Para acceder a una plataforma no es necesario un ordenador, también puede hacerse desde dispositivos móviles. Fuente Piotr Swat / Shutterstock.com

Como si de un centro de enseñanza tradicional se tratase, desde la plataforma se pueden realizar las siguientes **tareas:**

- ⮫ **Gestionar al alumnado inscrito:** matrículas, datos de usuario, expedientes, bajas, etc.
- ⮫ **Estructurar y organizar:** los diferentes cursos y grupos: crear cursos, asignar participantes, temporalizar y definir hitos en el calendario.
- ⮫ **Poner a disposición de los usuarios los recursos y materiales:** necesarios para el desarrollo de la acción formativa: contenido del curso en formato multimedia, actividades, *test* de evaluación o recursos complementarios como son el acceso a enlaces externos de interés o espacios en redes sociales, entre otros.
- ⮫ **Fomentar la participación e interacción**: de los participantes, disponiendo del alumnado y personal docente diferentes herramientas de comunicación *online,* tanto síncronas como asíncronas.
- ⮫ **Realizar un seguimiento y evaluación continua:** del proceso formativo. Para ello, la plataforma cuenta con diferentes herramientas que permiten al personal docente y administrador de la plataforma analizar diferentes factores y resultados.

SABÍAS QUE...

Las plataformas de formación se utilizan cada vez más como complemento a la enseñanza presencial, no solo en la modalidad *e-learning*.

- -

Las instituciones oficiales suelen contar con sus propias plataformas. Observa este **ejemplo:**

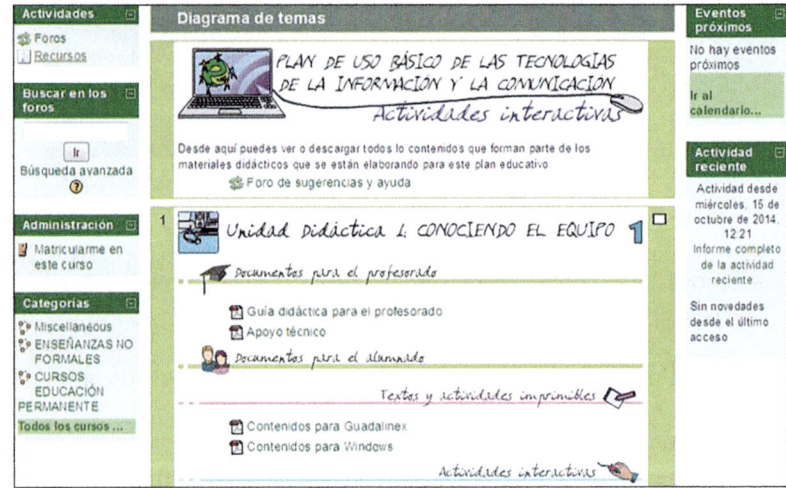

 ACTIVIDAD COMPLEMENTARIA

14. En esta actividad deberás analizar el uso que se hace de las plataformas en las diferentes universidades. Para ello puedes acceder a algunas de las páginas webs de las mismas, y seleccionar uno o dos ejemplos concretos, o basarte en tu propia experiencia, si la tienes.

    ¿Crees que el uso que se le está dando es correcto? ¿Están aprovechando el potencial que la plataforma formativa ofrece?

- -

3.1. Características generales

Aunque hay diferentes tipos de plataformas, en general presentan una serie de características, las cuales deben tenerse en cuenta a la hora de seleccionar la más adecuada para el proyecto que se va a desarrollar. Son las siguientes:

- **Interactividad:** hace referencia a la disponibilidad de herramientas que posibiliten la comunicación y participación del alumnado.
- **Flexibilidad:** hace referencia a la adaptabilidad de la plataforma a la entidad o centro en el cual se va a utilizar.
- **Escalabilidad:** las plataformas pueden acoger un número limitado de usuarios o una gran cantidad de los mismos, por lo que es necesario estudiar cuáles son las necesidades que se tienen, y si se pueden cubrir con las opciones disponibles.
- **Estandarización:** se refiere al grado de aceptación de estándares o especificaciones generales, que indican cómo desarrollar el contenido, y que es aceptado por la comunidad y transferible a diferentes tipos de plataformas.
- **Multilingüe:** se encuentra traducida a varios idiomas o es susceptible de hacerse en caso de necesitarlo.
- **Tecnología:** hay que valorar también los aspectos tecnológicos: posibilidades de agregación de aplicaciones, lenguajes de programación, etc., para que se adecuen a las necesidades de la entidad.
- **Apoyo:** las plataformas pueden disponer de apoyo técnico por parte de los desarrolladores o quien la comercializa, comunidades libres de usuarios y documentación a disposición de quien lo solicite, foros, apoyo de expertos, etc.

 **CONSEJO**

A la hora de seleccionar una plataforma hay que tener en cuenta sus características, pero también la modalidad en la que va a utilizarse y particularidades de la entidad. La plataforma debe responder a las necesidades existentes en la misma.

3.2. Plataformas de *software* libre y comerciales

Existen multitud de plataformas formativas, pudiéndose clasificar según sean de *software* libre o propietario.

Plataformas de *software* propietario o privativas

Son aquellas desarrolladas y distribuidas por alguna empresa, debiendo pagar para su utilización.

Estas plataformas no permiten el acceso libre al código fuente y no se puede redistribuir el producto.

La empresa desarrolladora ofrece todo lo necesario para poder utilizar la plataforma: formación, infraestructura, apoyo técnico.

Logotipo de Blackboard, plataforma de software propietario

En cuanto a la comercialización de este tipo de plataformas, existen diferentes modos. Entre ellos:

- **Alquiler de cursos:** en lugar de disponer de la plataforma y poder administrarla, lo que se contrata son los cursos para administrarlos desde la misma plataforma del distribuidor, así como el número de participantes que se darán de alta en ella.
- **Pago por licencia:** con esta modalidad se contrata el uso de la plataforma durante un periodo de tiempo determinado y para un determinado número de usuarios/as.
- **Compra de la plataforma:** con esta modalidad se compra el derecho de uso de la plataforma indefinidamente y para todos los participantes que se deseen, pero no se puede distribuir, ya que no es propiedad del cliente.

 **EJEMPLO**

Algunas de las plataformas de *software* propietario o privativo más utilizadas son Blackboard, Edmodo, SumTotal o E-ducativa.

- -

3.3. Plataformas de *software* libre u *OpenSource*

Son aquellas que se distribuyen de forma gratuita, y normalmente, son desarrolladas dentro de la comunidad educativa. Estas plataformas permiten el acceso al código fuente y la posibilidad de modificar y redistribuir el producto.

Tras estas plataformas, hay una gran comunidad de usuarios/as que respalda y testea el producto constantemente, lo que permite detectar y corregir fallos rápidamente.

Logotipo de Moodle, plataforma de software libre

En cuanto a la comercialización de este tipo de plataformas, existen diferentes modos. Entre ellos:

Alquiler de cursos	En lugar de disponer de la plataforma y poder administrarla, lo que se contrata son los cursos que se desee para administrarlos desde la misma plataforma del distribuidor, así como el número de participantes que se darán de alta en ella.
Compra de la plataforma	La plataforma puede usarse indefinidamente y para todos los participantes que se deseen, además de poder modificar su código fuente y redistribuirla, ya que esta queda como propiedad del cliente.

 **EJEMPLO**

Algunas de las plataformas de *software* libre más utilizadas son Moodle, Sakai, Dokeos, Chamilo o Canvas.

🖉 **ACTIVIDAD COMPLEMENTARIA**

15. Si las plataformas de *software* libre no suponen coste alguno, ¿por qué hay quien utiliza las de *software* propietario? ¿Es que no incorporan las mismas funcionalidades?

Infórmate sobre las características de cada uno de estos tipos de plataformas, y seleccionar una de las opciones, según se adecue a tus intereses y circunstancias, de forma justificada.

¿Crees que el uso que se le está dando es correcto? ¿Están aprovechando el potencial que la plataforma formativa ofrece?

---

4. Herramientas tutoriales y recursos del entorno virtual

El personal docente dispone en la plataforma de formación de todas las herramientas necesarias para tutorizar el curso y hacer el seguimiento y evaluación del proceso educativo que tiene lugar.

Las plataformas virtuales existentes incorporan una serie de herramientas comunes, entre las que se pueden destacar las siguientes:

🡆 **Herramientas de administración y gestión:**

Permiten:

- ○ La creación y gestión de cursos: creación del espacio para el curso concreto, organización por categorías...
- ○ La creación e incorporación de contenidos y recursos: material multimedia, enlaces externos, contenido audiovisual, documentos en diferentes formatos (.pdf, .doc, .jpg...), tareas, test de evaluación, etc.

- La matriculación y gestión de usuarios: altas y bajas de usuarios en la plataforma o en un curso concreto.
- La asignación de roles y permisos: los distintos usuarios (alumno, tutor, administrador...) podrán realizar más o menos acciones dependiendo del perfil asignado.
- La personalización de la plataforma: incorporación de herramientas, visibilidad de las mismas en un determinado curso, configuración de interfaz, etc.

⟳ **Herramientas de comunicación:**

Pueden clasificarse en:

- **Síncronas:** herramientas que permiten la comunicación entre los participantes de forma instantánea, estando estos conectados y utilizando la herramienta en el mismo momento. Entre ellas se encuentra el chat, la videoconferencia y la mensajería instantánea.
- **Asíncronas:** herramientas que permiten que la comunicación entre los participantes tenga lugar aunque no se encuentren conectados en ese momento al aula virtual. Entre ellas se encuentra el foro y el correo electrónico.

⟳ **Herramientas de evaluación y seguimiento:**

Permiten:

- Sistemas de calificación del trabajo del alumnado: contenido, participación, *test,* actividades...
- Registro de actividad de los usuarios: tiempo de conexión, espacios visitados, número de intervenciones, evaluaciones y tareas realizadas.
- Generación de informes y resultados: grupales, individuales, parciales.

⟳ **Herramientas complementarias:**

Entre ellas se encuentran:

- Calendario
- Glosario
- Calificador
- Wikis
- Usuarios en línea
- RSS
- Noticias

CONSEJO

Antes de seleccionar una determinada plataforma, es recomendable analizar de forma rigurosa las características de cada una de ellas, así como las necesidades y particularidades del proyecto que se va a llevar a cabo.

Además de las herramientas de comunicación, uno de los recursos más utilizados por el tutor en el desarrollo de la acción formativa son las tareas. En la plataforma se pueden crear diferentes **formatos de tareas,** entre los que habrá que seleccionar el más adecuado según las características de la actividad planteada.

A continuación se irán viendo los diferentes tipos de tareas y las opciones de creación de las mismas, usando como ejemplo la plataforma de formación Moodle, por ser una de las más utilizadas actualmente.

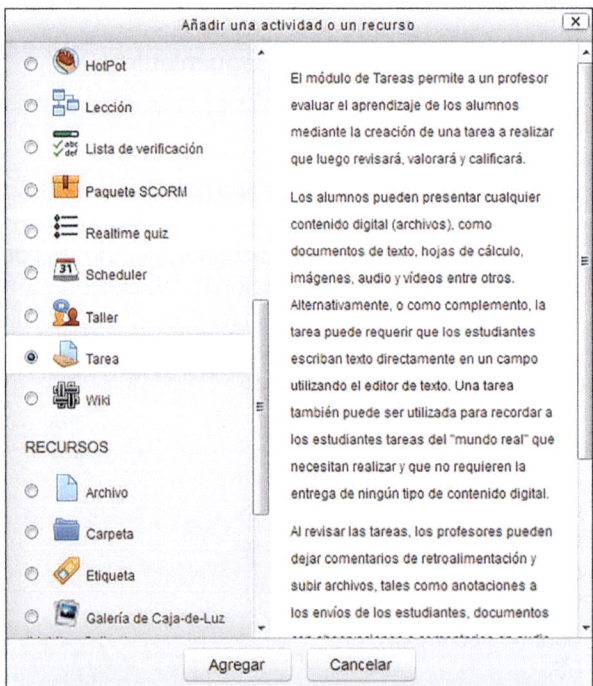

*Para añadir una actividad a la plataforma, solo hay que tener activado el modo **Edición**, seleccionar la opción **Agregar actividad o recurso** y elegir la opción **Tarea**.*

En cualquier caso, para crear la actividad, se debe introducir el texto que se desea mostrar al alumnado, además de configurar las opciones propias según el tipo de tarea que se vaya a plantear.

Aunque hay una serie de **opciones configurables** que son comunes a todos los tipos de tareas: nombre, descripción de la tarea, calificación, modo de grupos, visibilidad, número de identificación y categoría.

Actividad 2: ¿Qué cualidades tienes que desarrollar?

Abre el documento que se adjunta y responde a las preguntas siguientes:

- En tu condición de emprendedor, ¿qué tipo de empresa te gustaría crear?
- ¿Qué habilidades profesionales necesitarías?
- ¿Cuáles son las características importantes?
- ¿Qué habilidades emprendedoras tendrías que desarrollar?
- ¿Qué tipo de conocimientos necesitarías?

Para encontrar respuestas a estas preguntas puedes buscar información en Internet, revistas profesionales y periódicos. También puedes optar por entrevistar a un emprendedor, y usar además la información recabada en las actividades anteriores.

Documento pdf a descargar.

Escribe tus respuestas en un documento de Word y envíalo al tutor para su corrección, a través del botón "Enviar" que aparece al final de esta página.

En las actividades que se planteen al alumnado hay que proporcionar todas las explicaciones y todos los recursos necesarios para su realización, así como las orientaciones para su entrega.

 **RECUERDA**

Se pueden configurar diferentes opciones para la presentación de la tarea: puntuación sobre la que se califica, fechas de realización, si se envía aviso por *e-mail* al tutor o tutora, si se permiten varios envíos o correcciones, etc.

- -

Tras crear la tarea en la plataforma, puede seleccionarse el formato de actividad.

Entre los **formatos disponibles en la plataforma** se pueden encontrar:

◯ **Archivos enviados:** su característica principal es que el alumnado debe subir uno o varios archivos al realizar la actividad, para su corrección. Se puede decidir el número máximo de archivos permitidos.

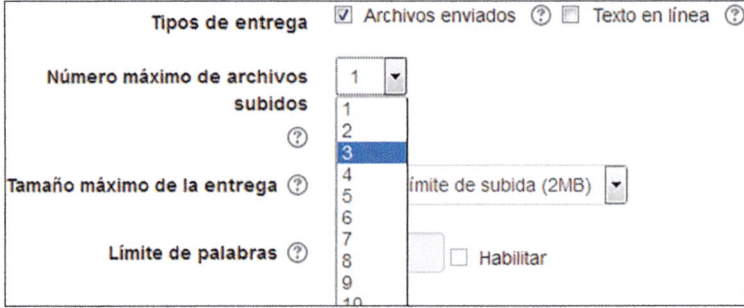

En la subida de archivos se puede seleccionar el número máximo de archivos que el alumnado puede subir, además del tamaño de los mismos.

⮕ **Texto en línea:** en este tipo de actividades el alumnado no tiene que subir ningún archivo para su entrega, sino que se escribe directamente la respuesta a la actividad en un área de texto que se muestra en la pantalla.

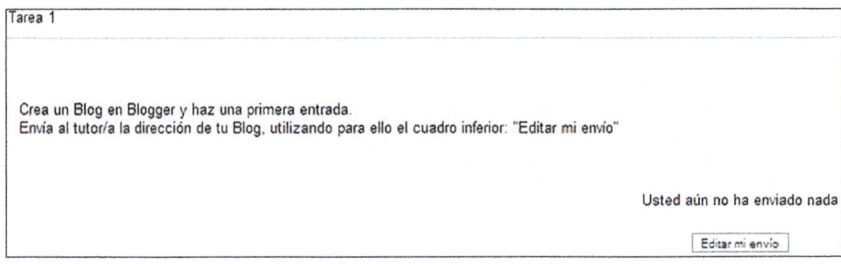

En las tareas de texto en línea el alumnado debe pulsar el botón Editar mi envío para responder a la misma.

⮕ **Texto no en línea:** en este tipo de actividades no aparecerá ninguna opción para la entrega de la actividad, ya que se caracteriza porque no se entrega respuesta alguna a través de la plataforma.

 **NOTA**

Puede crear este formato de tarea, dejando las diferentes casillas de **Tipos de entrega** sin marcar.

- -

ACTIVIDAD COMPLEMENTARIA

16. Reflexiona sobre los usos que puede tener en una acción formativa *e-learning* la tarea Texto no en línea. ¿Y en una acción formativa *blended learning?*

Deberás poner un ejemplo de una actividad de este tipo para cada una de las modalidades formativas planteadas.

4.1. Recursos externos

Dada las características de la modalidad formativa *e-learning,* además de los recursos propios de la plataforma, el personal docente cuenta con una gran variedad de **recursos tecnológicos** externos que le serán muy útiles como apoyo a la tutorización.

Entre ellos se pueden encontrar los siguientes:

➲ **Portales y webs de recursos educativos:** en internet existen multitud de sitios web, blogs, repositorios y portales educativos, ya sean institucionales o de particulares que apuestan por el conocimiento compartido, que pueden ser de gran utilidad a la hora de buscar recursos para utilizar en las acciones formativas *online.*

 ## EJEMPLO

La tutora de un curso sobre Instalaciones frigoríficas observa durante el seguimiento del curso que sus alumnos/as conocen bien la teoría y reflexionan sobre su aplicación, pero en una sesión de tutoría grupal le manifiestan que sienten inseguridad ante la idea de poner en práctica lo aprendido.

Con los medios de los que dispone y aprovechando las ventajas de las TIC, recurre al portal educaLAB, que dispone de recursos para el profesorado de formación profesional. Ahí encuentra un simulador que permitirá al alumnado enfrentarse a la situación real, para acceder a él puedes hacerlo desde aquí:

Continúa en página siguiente >>

<< Viene de página anterior

https://redirectoronline.com/ssce002po0301

⮕ ***Software* educativo:** además de buscar los recursos disponibles en la web, el personal docente puede elaborar sus propios recursos, disponiendo de programas informáticos muy variados, así como de manuales o tutoriales de uso de los mismos.

 EJEMPLO

Algunos programas para la creación de recursos educativos son: *Hot Potatoes* (ejercicios y evaluaciones, crucigramas...) *GeoGebra* (geometría y matemáticas), *Adobe Captivate* (tutoriales interactivos), *JClic* (actividades: rompecabezas, palabras cruzada...), *Mindomo* (mapas conceptuales), *Pixton* (cómics), *QuickMap* (mapas geográficos), etc.

Otro de los recursos ampliamente utilizado, que permite la construcción del conocimiento y fomento de la participación son las **redes sociales.**

 EJEMPLO

En muchas acciones formativas se utilizan redes sociales como *X*, creando un ***hashtag*** específico para que los participantes incorporen a los *posts* que escriban relacionados con la temática del curso.

ACTIVIDAD COMPLEMENTARIA

17. Accede a *X* y/o *Facebook* y busca perfiles de personas o entidades e información relativa a un tema que sea de su interés, por ejemplo *"e-learning"*. Entre ellos, deberás localizar la actividad que esté teniendo lugar en las redes relacionada con alguna acción formativa que esté desarrollándose.

    · ¿Qué acciones concretas se están llevando a cabo en las redes sociales como complemento al aula virtual?
    · ¿Existen diferencias entre el modo de usar *X* y *Facebook* para los procesos educativos?

    Deberás analizar la información recopilada y reflexionar sobre las ventajas que la Web 2.0 aporta a los procesos educativos. ¿Se te ocurren nuevas formas, innovadoras, de utilizar las redes en beneficio del proceso de enseñanza-aprendizaje?

- -

 TAREA 5

En las plataformas de formación se definen diferentes perfiles. Los principales son: estudiante, administrador, profesor (solo tutoriza), profesor-diseñador (incorpora contenido). A cada uno de ellos se le da permisos para realizar determinadas acciones y acceder a determinadas herramientas.

Tras ver todas las herramientas disponibles en la plataforma virtual, ¿cuáles de ellas crees que son necesarias para que el profesor (no diseñador) pueda realizar sus funciones de forma autónoma sin necesidad de estar dependiendo del trabajo de otra persona en todo momento?

- -

 TAREA 6

Has planteado la metodología a utilizar durante el curso sobre "Manipulación de alimentos" en modalidad *e-learning* que vas a tutorizar.

Continúa en página siguiente >>

<< Viene de página anterior

Ahora deberás definir las herramientas tutoriales y los recursos del entorno virtual, tanto de la propia plataforma como externos, que podrías utilizar durante el desarrollo del proceso, definiendo la utilidad de cada uno de ellos.

5. Resumen

La formación *e-learning* se basa en **principios y teorías del aprendizaje** generales (conductismo, constructivismo, cognitivismo, conectivismo), pero también se han ido desarrollando teorías específicas de la Educación a Distancia.

Aun así, la tecnología ha ido evolucionando más rápidamente que los modelos teóricos, por lo que se hace necesaria la creación de una base teórica sólida, que sirva como fundamento para el desarrollo del *e-leaning*. En este sentido, García Aretio (2014) ha recopilado e integrado las diferentes aportaciones existentes hasta el momento, creando así una teoría integradora y global, el **Dialogo Didáctico Mediado.**

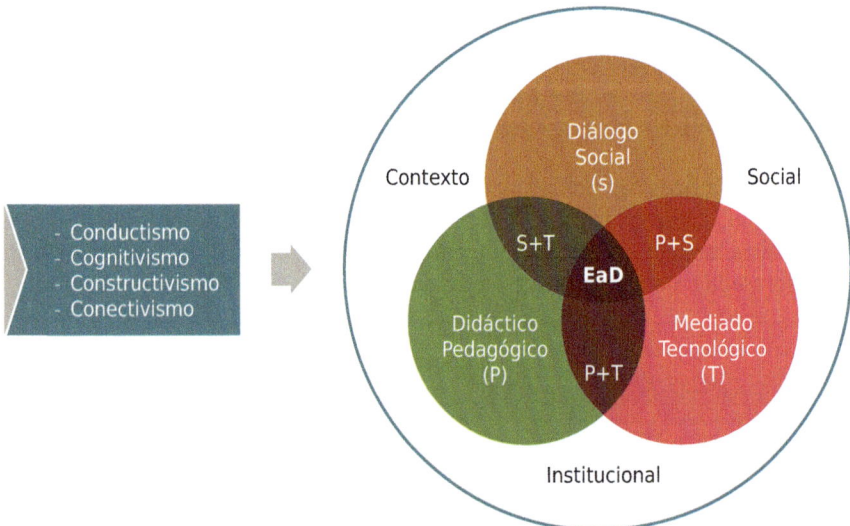

Esta base teórica ayudará a la hora de realizar el diseño instruccional, y por lo tanto, en la obtención de los resultados deseados de la acción formativa.

El **Diseño Instruccional (DI)** es el proceso de diseño pedagógico que se lleva a cabo antes de que comience la impartición de la acción formativa, durante el cual deben quedar definidos todos los elementos detalladamente: métodos, estrategias didácticas, técnicas, acciones concretas de seguimiento, dinamización, actividades, recursos, etc.

Existen diferentes modelos para la realización del proceso, entre ellos el **modelo ADDIE,** en el que quedan establecidas las fases de diseño instruccional (Análisis, Diseño, Desarrollo, Implementación, Evaluación).

La adaptación que se realice de los diferentes métodos y el uso de una combinación de estrategias u otra dependerá, de cualquier modo, de la acción formativa en particular, su temática, recursos disponibles, objetivos, alumnado de la misma y estilos de aprendizaje.

Aun así, algunas de las **estrategias que pueden resultar más efectivas** para conseguir los objetivos planteados y cubrir las necesidades educativas detectadas son las siguientes:

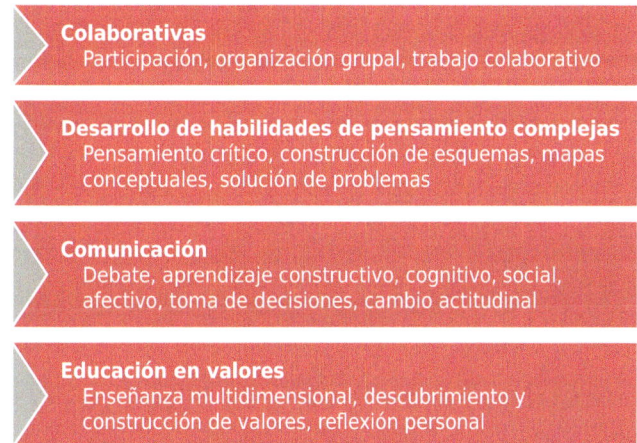

Colaborativas
Participación, organización grupal, trabajo colaborativo

Desarrollo de habilidades de pensamiento complejas
Pensamiento crítico, construcción de esquemas, mapas conceptuales, solución de problemas

Comunicación
Debate, aprendizaje constructivo, cognitivo, social, afectivo, toma de decisiones, cambio actitudinal

Educación en valores
Enseñanza multidimensional, descubrimiento y construcción de valores, reflexión personal

Junto a estas, se debe prestar especial atención a las estrategias de motivación y las estrategias de seguimiento del alumnado.

En todo este proceso de diseño son muy importantes los **aspectos pedagógicos,** pero no debe olvidarse que los diferentes elementos deben quedar integrados en el **medio tecnológico** propio de la formación *e-learning,* por lo que deben conocerse y analizarse las características de la **plataforma de formación,** las herramientas disponibles y los estándares y especificaciones que se siguen para el desarrollo de los materiales educativos.

Ejercicios de autoevaluación
Unidad de Aprendizaje 3

1. Toda práctica debe tener _____ bien consolidados y aceptados, que permitan conseguir un alto de calidad en el proceso.

    a. principios básicos
    b. ideales y principios
    c. fundamentos teóricos
    d. fundamentos prácticos

2. ¿Cuál de las siguientes no es una corriente pedagógica?

    a. Conductismo
    b. Conectivismo
    c. Constructivismo
    d. Humanismo

3. ¿En qué corriente pedagógica se entiende que la persona está aprendiendo al adquirir una serie de conductas observables?

    a. Conductismo
    b. Conectivismo
    c. Constructivismo
    d. Cognitivismo

4. Indica si la siguiente oración es verdadera o falsa: "En el cognitivismo la interacción se da creando ambientes de elevada participación, donde se dé lugar a la adquisición del conocimiento, partiendo de ideas previas y donde el profesor de una retroalimentación continúa".

    ■ Verdadero
    ■ Falso

5. Las teorías de Vygotsky como la sociogenética, andamiaje, zona de desarrollo próximo y mediadores sociales, son representativas del modelo del...

a. ... conductismo.
b. ... conectivismo.
c. ... constructivismo.
d. ... cognitivismo.

6. ¿Cuáles son las siglas de la teoría que sirve de fundamento para el desarrollo del *e-learning*?

a. EAD
b. DDM
c. MDD
d. CAP

7. Indica si la siguiente oración es verdadera o falsa: "Una de las tareas de un/a diseñador/a instruccional es cuidar de los aspectos técnicos del producto".

- Verdadero
- Falso

8. El Modelo ADDIE ...

a. ... es un modelo básico de Diseño Instruccional.
b. ... es un modelo cíclico, en el cual el resultado de una fase da lugar al inicio de la siguiente.
c. ... es un modelo compuesto por cuatro fases: análisis, diseño, desarrollo, implementación y evaluación.
d. Todas las opciones son correctas.

9. ¿Cuáles son solo plataformas de *software* privado?

a. Blackboard, Edmodo, SumTotal, E-ducativa.
b. Blackboard, Moodle, SumTotal, E-ducativa.
c. Moodle, Sakai, Dokeos, Chamilo.
d. Blackboard, Moodle, Chamilo, Edmodo.

10. **¿Qué recurso externo permite al docente elaborar sus propios recursos, disponiendo de programas informáticos, así como manuales o tutoriales de uso de los mismos?**

  a. Portales y webs de recursos educativos
  b. *Software* educativo
  c. Redes sociales
  d. Plataformas de *software* libre

Programas y herramientas informáticas para tutorizar al alumnado. Comunicación y evaluación en línea

Contenido

1. Introducción
2. Características del aprendizaje *online*
3. Herramientas de comunicación para la tutorización
4. Seguimiento de las acciones formativas
5. La evaluación en línea
6. Resumen

Objetivos

Los objetivos generales de esta Unidad de Aprendizaje son:

→ Comprender la importancia de la comunicación en las acciones formativas *e-learning*.

→ Seleccionar las herramientas de comunicación necesarias para un adecuado desarrollo del proceso de enseñanza-aprendizaje.

→ Diseñar instrumentos de evaluación adecuados para la valoración de los diferentes aspectos del proceso formativo.

→ Aplicar técnicas de seguimiento del aprendizaje durante el desarrollo de la acción formativa.

→ Los objetivos específicos de esta Unidad de Aprendizaje son:

→ Identificar los estilos de aprendizaje relevantes para entornos de formación en línea.

→ Explorar los diferentes tipos de herramientas de comunicación y su aplicabilidad en contextos educativos en línea.

→ Analizar estilos de comunicación adecuados para lograr una interacción efectiva.

→ Utilizar herramientas de motivación para fomentar una mayor participación y compromiso de los alumnos.

→ Aplicar técnicas e instrumentos de seguimiento del aprendizaje para evaluar el progreso de los estudiantes.

→ Aplicar técnicas y métodos de evaluación para valorar el aprendizaje y el desempeño de los estudiantes en entornos virtuales.

→ Diseñar instrumentos de evaluación formativa que permitan medir diversos aspectos del proceso educativo en línea.

1. Introducción

La tutorización es una tarea compleja, que necesita ser planificada detalladamente, definiendo todos los aspectos que intervienen en la misma: métodos, estrategias, medios, etc.; y para llevarla a cabo, en la formación *e-learning* se cuenta con el componente tecnológico.

Actualmente, tanto dentro como fuera de las plataformas de formación, se pueden encontrar multitud de **herramientas informáticas para la comunicación y evaluación** que hacen posible esta tarea, ya que permiten:

- ⮞ Llevar a cabo las diferentes acciones y procesos (realizar un examen, establecer el contacto docente-alumnado...), superando la barrera espacio-tiempo.
- ⮞ Registrar todos los datos referentes a las acciones realizadas (resultados de *test,* conversaciones de chats...), para su análisis.

En esta unidad se analizarán esas herramientas y las diferentes aplicaciones que pueden tener en función de la finalidad que se persiga y las características y circunstancias particulares del alumnado.

2. Características del aprendizaje *online*

Considerando que, por lo general, las personas destinatarias de la formación en la modalidad *e-learning* suelen ser personas adultas, en el diseño de la acción formativa deben tenerse en cuenta las características propias del **aprendizaje adulto.**

Tal y como plantea Freire en su obra Pedagogía del Oprimido, el aprendizaje debe partir de la experiencia y realidad del educando.

Las **características principales del aprendizaje** en esta etapa son las siguientes:

- **Utilidad:** el aprendizaje debe servir para el desarrollo ya sea personal o profesional del individuo, teniendo una aplicación práctica al puesto de trabajo u otro aspecto social o personal.
- **Experiencia:** la experiencia personal de cada individuo le permite establecer unas determinadas conexiones y aportar significado al proceso de enseñanza-aprendizaje. Por lo tanto, el personal docente debe tenerlo en cuenta al llevar a cabo la acción formativa, y no intentar transmitir una determinada forma de entender las cosas, tal y como las entiende el mismo, sino que cada participante pueda ser crítico y aprender en base a su experiencia.
- **Motivación:** la motivación en el alumnado adulto suele venir dada generalmente por razones intrínsecas, siendo ellos mismos los que detectan la necesidad de formación y aprecian el efecto que su aplicación puede tener en sus vidas.
- **Diversidad:** es importante que haya diversidad en las actividades y planteamientos presentados, de este modo el alumnado mantendrá el interés y atención, teniendo más oportunidades para el aprendizaje.
- **Flexibilidad:** el aprendizaje adulto debe ser flexible en cuanto a tiempos, contenidos, métodos, etc., ya que las condiciones de vida de cada alumno/a serán diferentes, con distinta disponibilidad, responsabilidades, intereses personales, y esto concretará la forma en que cada persona conciba la acción formativa.

 SABÍAS QUE...

Se ha estudiado la forma de aprender de las personas adultas, sus características, y se han propuesto métodos de alfabetización de adultos conforme a las mismas, pero hoy día existe un nuevo reto al que hay que hacer frente: la alfabetización digital.

Al igual que pudiera ocurrir en otros momentos con la necesidad de alfabetización tradicional, la alfabetización digital es un elemento clave para la inclusión social, y esto no solo afecta a las personas adultas, sino a países o segmentos de población que no disponen del acceso a los medios necesarios.

2.1. Estilos de aprendizaje

No todas las personas piensan, sienten y actúan de forma similar, ni tienen las mismas experiencias y concepciones establecidas, por lo que partiendo de todos estos elementos, cada persona aprende de forma diferente, es decir, cada individuo tendrá un estilo de aprendizaje en función de sus características e intereses personales.

DEFINICIÓN

Estilo de aprendizaje

Es la estrategia que cada persona utiliza para la adquisición de conocimiento, la forma en que recoge, almacena, analiza, organiza, interpreta y conecta la información.

Para que el proceso de enseñanza-aprendizaje sea útil a todo el alumnado de la acción formativa, es necesario conocer sus estilos de aprendizaje.

NOTA

No existe un único estilo de aprendizaje, sino que pueden existir tantos estilos de aprendizaje como personas hay en el mundo, por lo que cada persona puede tener un estilo de aprendizaje particular.

No existe un estilo de aprendizaje mejor que otro, solo son formas diferentes de aprender.

CONSEJO

A la hora de diseñar cualquier recurso o actividad, es recomendable tener en cuenta los estilos de aprendizaje de las personas participantes en la acción formativa.

Alonso, C. M., Gallego, D. J. y Honey, P. (1995) establecen la siguiente tipología:

● **Estilo Activo:** las personas con este estilo se sienten motivadas por las tareas y experiencias nuevas, implicándose totalmente en ellas, pero pierden interés con la implantación a largo plazo. Son protagonistas de las acciones llevadas a cabo.

Algunas de sus características son:

● Espontáneo
● Improvisador
● Animador

 **EJEMPLO**

En *e-learning* se puede plantear como actividad idónea para este estilo de aprendizaje el juego de roles.

- -

● **Estilo Reflexivo:** las personas con estilo reflexivo prefieren observar a ser protagonistas de la acción. Recogen datos, analizan y reflexionan sobre las distintas experiencias y puntos de vista antes de llegar a una conclusión.

Algunas de sus características son:

● Analítico
● Exhaustivo
● Concienzudo

 **EJEMPLO**

En *e-learning* se puede plantear como actividad idónea para este estilo de aprendizaje el comentario de un texto o artículo.

- -

➲ **Estilo Teórico:** las personas con estilo teórico buscan la objetividad en los hechos. Analizan, estructuran y sintetizan la información, estableciendo o acomodando principios, teorías y modelos, hasta que los datos quedan ajustados a su esquema, racional y lógico.

Algunas de sus características son:

➲ Metódico
➲ Estructurado
➲ Objetivo

 **EJEMPLO**

En *e-learning* se puede plantear como actividad idónea para este estilo de aprendizaje una actividad de estudio de casos.

➲ **Estilo Pragmático:** las personas con este estilo experimentan y aplican los conocimientos, para así comprobar ideas, teorías y técnicas.
Siempre están buscando nuevas ideas y actúan con rapidez y seguridad, tomando decisiones y orientando sus acciones a la resolución de problemas.

Algunas de sus características son:

➲ Práctico
➲ Eficaz
➲ Realista

 **EJEMPLO**

En *e-learning* se puede plantear como actividad idónea para este estilo de aprendizaje una actividad de resolución de problemas.

IMPORTANTE

Cada persona no tiene exclusivamente un estilo de aprendizaje, puede tener varios de ellos, existiendo uno predominante. Así, deberán tenerse en cuenta las características de cada persona, su forma de aprender, especialmente ante esta modalidad, para determinar el diseño de la acción formativa.

- -

ACTIVIDAD COMPLEMENTARIA

18. ¿Qué estilo de aprendizaje crees que es el que predomina en tu caso? En esta actividad deberás describir las características que observas en ti mismo/a.

    Deberás realizar el *test* de Estilos de Aprendizaje de Honey-Alonso, que encontrarás disponible accediendo desde aquí:

https://redirectoronline.com/ssce002po0401

    ¿Se corresponden los resultados obtenidos con las características observadas?

- -

3. Herramientas de comunicación para la tutorización

La comunicación es la base fundamental de cualquier proceso de enseñanza, y adquiere especial relevancia en las acciones formativas en modalidad *e-learning.*

DEFINICIÓN

Comunicación
Es el proceso mediante el cual varias personas, con la capacidad para comprender y expresarse de forma oral o escrita, intercambian información, reflexiones, opiniones e ideas.

Pero este proceso no incluye solo la comunicación entre docente y alumnado, sino también entre compañeros/as, siendo esta especialmente importante para el aprendizaje, tanto por la adquisición de información y conocimientos, como por el desarrollo de procedimientos y actitudes que conlleva.

En la modalidad *e-learning,* las plataformas formativas cuentan con varias herramientas que permiten establecer la comunicación de forma multidireccional, y cuyo uso, al igual que los demás aspectos del proceso formativo, debe estar previamente planificado.

IMPORTANTE

La comunicación a través de estas herramientas puede ser síncrona o asíncrona.

3.1. Tipos de herramientas de comunicación

Como has visto, el personal docente cuenta con recursos de apoyo comunicativos. Estos recursos son las propias herramientas de comunicación disponibles en la plataforma, **que permiten obtener *feedback* continuo por parte del alumnado,** pudiendo actuar siempre en función de las necesidades e intereses de los participantes, así como desarrollar sesiones de tutorías más completas, en las que la no presencialidad no afecte al entendimiento del contenido por parte del alumnado.

Así, dentro de los diferentes grupos de herramientas colaborativas, las herramientas de comunicación son un elemento fundamental a la hora de desarrollar un curso *e-learning.* Pueden ser de dos tipos:

⊃ **Síncronas:** son aquellas herramientas que permiten que la comunicación entre los participantes tenga lugar de forma instantánea, estando las diferentes partes conectadas y utilizando la herramienta en el mismo momento. Entre ellas se encuentran:

◉ **Chat:** es una herramienta mediante la cual varias personas se conectan a una sala y pueden comunicarse entre ellas de forma escrita en tiempo real.

 **CONSEJO**

Antes de participar en una sesión de chat es importante tener claras las normas a seguir: pedir y respetar turnos, escribir de forma correcta, no interrumpir, etc.

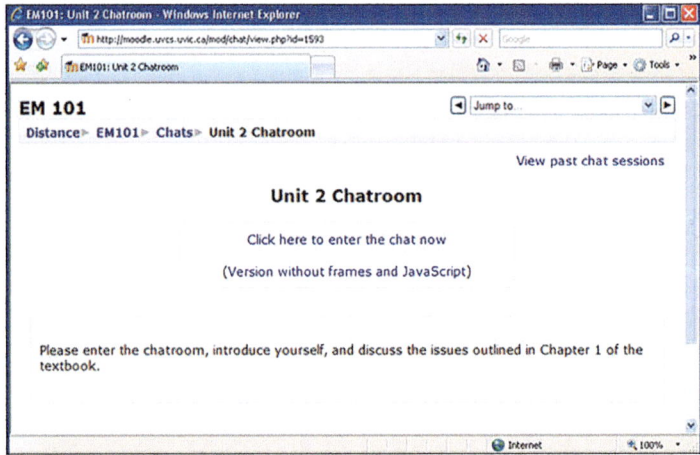

◉ **Mensajería instantánea:** es una herramienta mediante la cual una persona puede escribir un mensaje a otra que esté conectada en ese momento al aula virtual. Para su uso es muy útil la herramienta Usuarios en línea, que indica qué participantes hay conectados en ese momento.

◉ **Videoconferencia:** para llevarla a cabo, normalmente es necesario que se integre alguna aplicación externa con la plataforma. Mediante la misma, los participantes se conectan a una sala, en la que pueden escribir, hablar y escuchar al resto de participantes, compartir archivos e incluso una pizarra digital.

⊃ **Asíncronas:** son aquellas herramientas que permiten que la comunicación entre los participantes tenga lugar aunque no se encuentren conectados en ese momento al aula virtual. Entre ellas se encuentran:

○ **Foro:** es una herramienta colaborativa y grupal, que permite escribir un mensaje y publicarlo en un espacio destinado a ello, pudiendo ser leído por los demás miembros de la comunidad una vez que se conecten.

○ **Correo electrónico interno:** el correo electrónico o *e-mail* es una herramienta que permite escribir un mensaje a uno o varios destinatarios, que lo recibirán y podrán leer y responder una vez que se conecten. El aula virtual cuenta con un servicio de correo electrónico interno, en el que se podrán seleccionar a los destinatarios buscándolos por su nombre.

RECUERDA

Los factores pedagógicos son esenciales en cualquier proceso formativo, centrarse en la tecnología no asegurará el éxito de una acción formativa.

- -

Para el empleo de estas herramientas es necesario seguir unas normas que aseguren el uso adecuado por parte de todos los participantes, garantizado su eficacia, así como el trato correcto y respeto a los demás participantes.

Estas normas de comportamiento para el uso de herramientas de comunicación se conocen como ***Netiquette.***

DEFINICIÓN

***Netiquette* o netiqueta**
Es una palabra derivada del francés *étiquette* (etiqueta) y del inglés *network* (red) que se utiliza para hacer referencia al conjunto de normas de convivencia que regula el comportamiento de los usuarios y las comunicaciones en internet.

- -

 **EJEMPLO**

Tienes que organizar una sesión de chat para el curso sobre "Prevención de riesgos laborales en el sector inmobiliario" en modalidad *e-learning* que tutorizas.

Antes de la sesión, es necesario que los participantes conozcan cuáles son las normas y pautas a seguir durante el desarrollo de la misma, por lo que vas a crear un documento que colocarás en la plataforma de formación para que los alumnos y alumnas lo consulten, y el desarrollo de la sesión sea un éxito.

¿Qué normas de *Netiquette* deberían cumplir los participantes del curso para actuar de forma correcta durante la sesión?

Solución

La sesión de chat tendrá una duración de una hora, y para su desarrollo se deberán seguir las siguientes normas:

1. Conéctese al menos cinco minutos antes del comienzo de la sesión.
2. Si se incorpora tarde a la sesión, no interrumpa la conversación. La plataforma anunciará su llegada, y podrá realizar un saludo inicial en cuanto la conversación lo permita.
3. Si se desconecta durante la sesión, incorpórese de nuevo lo más rápidamente que pueda, y no interrumpa con explicaciones sobre su ausencia (internet ha fallado, por ejemplo). La plataforma anunciará su llegada.
4. Intervenga solo refiriéndose a los temas planificados para la sesión, no aborde otros temas que no guarden relación.
5. Puede preparar la sesión con anterioridad, escribiendo los comentarios y preguntas que desea hacer durante la sesión.
6. Sus comentarios deben ser breves y concisos, recuerde que se trata de comunicación escrita.
7. Si se dirige a una persona en concreto, utilice su nombre.
8. Mantenga el hilo de la conversación y no interrumpa comentando otras aportaciones al mismo tiempo. Para ello, pida la palabra utilizando la letra "P" y espere a que le asignen el turno. Cuando termine, indíquelo con la letra "T".
9. Si tiene que salir de la sesión antes de que finalice, no interrumpa, avise a su tutor/a por privado.
10. Cuando la sesión se dé por concluida, puede permanecer conectado/a y mantener la conversación que desee con sus compañeras/os.

3.2. Estilos de comunicación

En cualquier caso, es necesario poseer unas **habilidades eficaces de comunicación,** y desde la acción formativa que se lleve a cabo, deben diseñarse las estrategias adecuadas para el desarrollo y uso de estas habilidades.

Para ello, es necesario tener en cuenta los diferentes **estilos de comunicación.**

 **DEFINICIÓN**

Estilos de comunicación
Son las estrategias que cada persona utiliza para relacionarse con los demás, la forma en que actúa y se comporta durante el proceso de comunicación. Cada persona tiene su estilo propio.

Los **estilos de comunicación básicos,** que también se manifiestan en la comunicación escrita son:

- **Asertivo:** comunicación satisfactoria para todos.
- **Agresivo:** no se preocupa por los demás.
- **Pasivo:** no se implica, evitando la confrontación.

 **EJEMPLO**

Paula está en la oficina revisando unos documentos en busca de unos datos que necesita recuperar, y como es muy tarde, los deja sobre la mesa ordenados en dos grupos, los ya revisados y los que no...

Al llegar a la oficina al día siguiente, como otro día cualquiera, observa que han estado limpiando y han unificado todos los documentos, ahora no sabe cuáles había revisado y cuáles no, ¡está muy disgustada!

Identifica qué estilo de comunicación utiliza Paula en cada uno de estos tres casos. ¿Y Marcos, el chico encargado de la limpieza?

Continúa en página siguiente >>

<< Viene de página anterior

Caso 1. Paula se siente irritada... ¡Con todo el tiempo que había empleado ya! Y ahora Marcos, el chico encargado de la limpieza, lo revuelve todo sin preguntarle... pero no quiere tener conflictos en la oficina y no dice nada, simplemente lo vuelve a revisar todo intentando averiguar por dónde se quedó.

Caso 2. Paula se dirige a Marcos muy enfadada y elevando el volumen: "¡¿Pero qué has hecho?! Con el trabajo que me he dado... ¿Por qué tienes que tocar mis cosas? Si esos documentos estaban así sería por algo... Marcos: "¡¿Y yo que sabía?! No me fastidies... podías haberlas dejado en otro sitio o avisar... luego quieres que esté todo limpio..."

Caso 3. Paula se dirige a Marcos: "Me ha molestado mucho que toques esos documentos, los estaba revisando y por eso estaban separados, ahora están mezclados todos... y tendré que volver a revisarlos para ver por dónde iba". Marcos: "Lo siento Paula. Solo quería limpiar bien, y la mesa estaba muy llena. No volverá a suceder".

Solución

Caso 1. En este caso Paula utiliza un estilo pasivo, porque evita la situación y consecuencias que esto pueda generar, no expresando sus ideas y opiniones. Marcos aquí no interviene en la situación de comunicación tras el enfado de Paula, ya que esta situación no se da porque Paula la evita.

Caso 2. En este caso Paula utiliza un estilo agresivo, al igual que Marcos porque se expresan sin pensar en el otro, simplemente pensando en ellos mismos y sus derechos, sin considerar cómo pueda sentirse la otra persona.

Caso 3. En este caso Paula utiliza un estilo asertivo, al igual que Marcos porque expresan lo que sienten de forma natural y clara, respetando al otro, e intentando comunicarse de forma efectiva y satisfactoria para ambas partes.

Teniendo en cuenta esto, se podrán diseñar y utilizar las estrategias adecuadas, que permitan cumplir las **funciones de la comunicación en un curso *e-learning:***

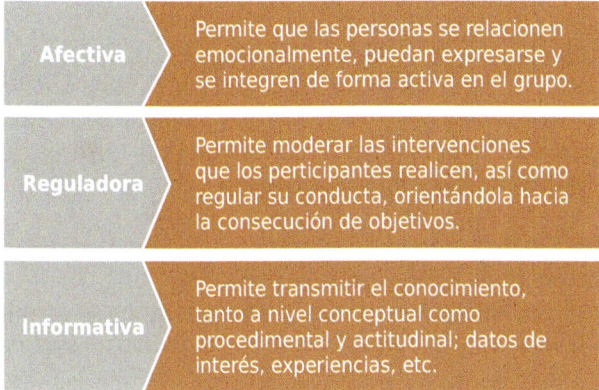

Afectiva	Permite que las personas se relacionen emocionalmente, puedan expresarse y se integren de forma activa en el grupo.
Reguladora	Permite moderar las intervenciones que los perticipantes realicen, así como regular su conducta, orientándola hacia la consecución de objetivos.
Informativa	Permite transmitir el conocimiento, tanto a nivel conceptual como procedimental y actitudinal; datos de interés, experiencias, etc.

Para ello, el personal docente cuenta con herramientas específicas para la colaboración y comunicación. Como has visto, entre estas herramientas se encuentran: algunas como las salas de chat, foros de discusión, correo electrónico o videoconferencias.

 EJEMPLO

Un tutor del curso "Elaboración de unidades didácticas", observa que la mayoría del alumnado no formula correctamente los objetivos. En el material formativo queda explicado este contenido, en el foro del módulo ha compartido enlaces con ejemplos y material para clarificar la información, y en la sesión de chat que se realizó los participantes aseguraron que estaba todo claro, pero al corregir la actividad, el tutor se da cuenta de que sigue habiendo confusión en cuanto a la redacción de objetivos, así que decide recurrir a la videoconferencia, donde realizará una sesión "cuasi-presencial", compartiendo esquemas y mapas conceptuales que permitan clarificar el contenido, y mediante la opción de compartir escritorio, harán hincapié en ejemplos y casos prácticos, con la participación de todo el grupo, hasta que finalmente se disipen todas las dudas.

3.3. Uso de herramientas para la motivación

Ya has visto que el personal docente tiene a su disposición diferentes **medios o herramientas de comunicación.** Para la puesta en marcha de las diferentes estrategias de motivación definidas en un entorno *e-learning,* el personal docente puede hacer uso de esas herramientas, que resultarán de gran utilidad.

E-mail

Mediante el uso del *e-mail,* ya sea interno de la plataforma o externo, el docente podrá llevar a cabo las estrategias planteadas. ¿Cómo?

Podrá realizar las siguientes acciones:

- **Mensaje de bienvenida:** al comenzar el curso, se dará la bienvenida al alumnado y el tutor o tutora se presentará.
- **Mensajes informativos:** mediante los mismos se comunicarán y recordarán fechas de entrega, fechas de realización de evaluaciones, disponibilidad de recursos y contenidos nuevos, sesiones de tutorías, chats, etc., acontecimientos de interés relacionados con la temática o con el curso.
- **Mensajes de repaso:** cada cierto tiempo, es aconsejable resumir la situación del curso, o del alumno o alumna en concreto: en qué punto del curso está, objetivos que se han cumplido, y en su caso, exponer lo que queda pendiente para ir a un ritmo adecuado.
- **Mensajes de ánimo:** durante el desarrollo del curso, será necesario de forma individual o colectiva, dependiendo de la situación, lanzar mensajes de ánimo al alumnado, para aumentar la participación y recordar la disponibilidad y apoyo del tutor o tutora en todo momento.
- **Mensajes de reconocimiento:** del mismo modo que cuando la participación o ritmo del curso se ralentiza se mandan mensajes de ánimo, es importante prestar atención también a la situación contraria, cuando el ritmo y participación son buenas, enviando mensajes de reconocimiento del éxito y felicitación.

 **EJEMPLO**

Mensaje de bienvenida

¡Bienvenido/a al curso de Inglés de negocios!

Soy Pedro Ruiz, tutor del curso en el que te has inscrito, que comienza mañana, y voy a estar acompañándote durante todo la acción formativa.

Puedes comenzar el curso accediendo a este enlace: **https://www.cursoingles.com.**

Continúa en página siguiente >>

<< Viene de página anterior

Se abrirá una ventana donde debes introducir tu usuario y contraseña, que serán tu DNI sin letra.

- Usuario: 12345678
- Contraseña: 12345678

No olvides consultar la guía de acceso a la plataforma y la guía didáctica adjunta a este correo, ¡te resultarán muy útiles!

Si tienes alguna duda o problema técnico, puedes ponerte en contacto conmigo a través del *e-mail* **tutorias@xxx.com** o del teléfono **XXX XXX XXX.**

¡Mucha suerte con el curso!

Mensaje de ánimo

Buenas tardes Laura,

Aún quedan dos semanas para que finalice el curso "Inglés de Negocios" en el que estás inscrita.

Aún tienes tiempo suficiente, ya solo te quedan dos temas para concluirlo. ¡Ánimo!

Si tienes cualquier problema, no dudes ponerte en contacto con nosotros, a través del correo electrónico **tutorias@xxx.com** o del teléfono **XXX XXX XXX.**

Un saludo

 ## ACTIVIDAD COMPLEMENTARIA

19. El curso que estás tutorizando finaliza dentro de una semana, y tienes un alumno que ya lo ha terminado.

    ¿Qué tipo de mensaje enviarías a este alumno? Deberás poner un ejemplo de dicho mensaje.

Foros

Para fomentar la participación e interacción en el curso, el tutor o tutora po-drá utilizar los foros, a través de los cuales también se desarrollan las estra-tegias de motivación y dinamización, pudiendo crear diferentes espacios durante el desarrollo del curso:

- **Foro general:** en el que se dé información del curso y el alumnado pueda plantear dudas y cuestiones generales que afecten a la globali-dad del proceso.
- **Foro técnico:** en el que el alumnado pueda plantear dudas técnicas o informáticas y compartir consejos, trucos, herramientas, etc., relaciona-das con las tecnologías.
- **Foro informal:** que sirva como espacio de ocio o recreo, en el que el alumnado podrá hablar de temas relacionados o no con el curso, y plan-tear las cuestiones (profesionales o no), que deseen: compartir informa-ción actual sobre temas que le interesen, compartir aficiones, comentar noticias de actualidad, etc.
- **Foro de cada módulo:** en el que se puedan tratar contenidos y dudas específicas sobre la temática del módulo, así como actividades colabo-rativas y debates.

 CONSEJO

Los foros conviene dejarlos abiertos durante todo el curso, aunque el contenido o módulo al que haga referencia se haya dado por concluido.

 ACTIVIDAD COMPLEMENTARIA

20. Una alumna ha compartido en el hilo de debate "Artículos de interés" del foro del curso de inglés de negocios, un artículo sobre "Consejos básicos para sus conversaciones de negocios por teléfono".

    Como tutor/a, ¿qué acciones y estrategias de motivación y dinamización llevarías a cabo dirigidas a esta alumna, y al grupo en su conjunto a partir de este mensaje? Deberás poner algún ejemplo de las mismas.

Chat

Mediante el uso del chat disponible en la plataforma, el tutor o tutora podrá plantear las siguientes acciones:

- **Sesiones de tutorías:** individuales o colectivas, en las que se lleven a cabo estrategias de motivación y orientación al alumnado.
- **Sesiones de cada módulo:** donde se pueden tratar contenidos del módulo, dudas, proponer actividades o debates específicos, etc.

NOTA

Las sesiones estarán planificadas con anterioridad, así como el contenido de las mismas y tendrán una fecha y duración determinadas que serán acordadas previamente con el alumnado.

Videoconferencia

En la formación *e-learning,* a veces es necesario un contacto más directo, ya sea porque se quiere hacer sentir más seguridad al alumnado, hacerle sentir la presencia docente tras la red mediante una relación cuasi-presencial, o bien porque es necesario mostrar cómo se realiza un proceso concreto, en el que deben participar los miembros del grupo.

Para ello, una herramienta de gran utilidad como apoyo a la tutorización, son las videoconferencias web.

NOTA

Las videoconferencias web son encuentros virtuales, realizados con *software* interactivo, que hace posible la comunicación entre varios usuarios/as en tiempo real, transmitiendo vídeo, sonido y texto.

Las herramientas para la realización de videoconferencias web, ofrecen multitud de **funcionalidades,** que permiten desarrollar una comunicación, y por tanto, un proceso formativo, de forma más eficaz:

- **Compartir aplicaciones y documentos:** mediante estas herramientas es posible compartir aplicaciones y documentos con el resto de participantes.
- **Usar cámara y audio:** los sistemas de cámara y audio son de gran calidad, y pueden ser muy diversos.
- **Compartir el escritorio:** se puede compartir el escritorio del ordenador con el resto de participantes, de modo que puedan ver en todo momento lo que se hace: el manejo de algún programa en concreto, mostrar alguna presentación o documento, etc.
- **Personalizar el entorno:** las diferentes salas de videoconferencia se pueden personalizar.
- **Ceder el control del programa:** se puede ceder el control del teclado y el ratón a quien se desee, de modo que puedan manejar el documento o programa que esté abierto en el escritorio del docente o presentador/a, y de esta forma, participar más activamente.
- **Cambiar de presentador/a:** es posible realizar un cambio de presentador/a durante la sesión.
- **Realizar anotaciones:** poseen herramientas para realizar anotaciones y dibujos.
- **Usar la pizarra:** disponen de una pizarra en blanco, sobre la que anotar las explicaciones.
- **Usar el chat:** junto con el audio y vídeo, posee la aplicación de chat, así como las funciones necesarias en la misma para pedir turno, indicar acuerdo o desacuerdo, etc.
- **Integrarse con el correo electrónico:** integración de la herramienta con el correo electrónico, por lo que se pueden enviar de forma sencilla las invitaciones a la sesión.
- **Grabar las sesiones:** permite la grabación de las sesiones, muy útil para su visualización posterior, si se necesita revisar la sesión, recordar o rescatar algún documento o que no se haya podido asistir a esa sesión en concreto.

 ACTIVIDAD COMPLEMENTARIA

21. Las videoconferencias permiten desarrollar una sesión formativa cuasi-presencial. Deberás reflexionar sobre las funcionalidades que ofrecen, ¿aprecias alguna diferencia con lo que realmente se podría hacer en un aula de forma presencial?

La realización de videoconferencias aporta gran cantidad de **ventajas** aunque también puede presentar una serie de **limitaciones,** viéndose afectada la calidad de la comunicación, y por tanto, de la sesión formativa, por diferentes motivos.

Esos aspectos son las siguientes:

➲ **Ventajas:**

- ◔ Permite la atención a consultas del alumnado, así como la resolución de dudas de forma inmediata.
- ◔ Facilita el trabajo colaborativo entre alumnado, miembros del equipo docente o entidades.
- ◔ Supone un ahorro en tiempo y costes, al evitar los desplazamientos.
- ◔ Mejora el proceso de toma de decisiones.
- ◔ Elimina las distancias, conectando personas de cualquier lugar del mundo.
- ◔ Facilita la transmisión de información.
- ◔ Produce un incremento en la productividad, ya que con los mismos recursos pueden realizar más acciones y de forma más eficiente.
- ◔ Permite guardar todo el contenido de las sesiones, mediante la grabación de las mismas para su posterior visualización.

➲ **Inconvenientes:**

- ◔ La conexión a internet de la que se disponga.
- ◔ Problemas puntuales, como una saturación de la red o desconexión de la misma a causa de agentes externos, como el tiempo en determinadas zonas.
- ◔ Equipo informático del que se disponga, tanto en *hardware* como en *software,* y configuración del mismo.
- ◔ La falta de competencias y habilidades en el manejo de la herramienta seleccionada, por parte de los participantes.

 **NOTA**

Mediante una adecuada planificación de las sesiones de videoconferencia, se podrá aprovechar todo el potencial que estas ofrecen, e intentar solventar las dificultades, generalmente de tipo técnico, que puedan originarse.

- -

En las videoconferencias puede participar un número determinado de personas, según la herramienta utilizada, pero no es recomendable que el grupo supere los 20 o 25 miembros.

Algunas herramientas para la realización de videoconferencias puede integrarse en las plataformas de teleformación.

 EJEMPLO

Algunas herramientas para la realización de videoconferencias web son: Skype, Google Meet, Microsoft Teams, Zoom o Jitsi.

 TAREA 7

Como tutor/a de un curso sobre "Mejora de la competitividad en las pymes", te encuentras con el caso de David, un alumno que está muy interesado en el curso y le gusta ampliar la información e indagar en la materia más allá del contenido que se presenta en el temario.

Pero se encuentra algo perdido porque el tema es nuevo para él, no tiene conocimientos previos ni experiencia en el sector, por lo que tiene muchas dudas y le cuesta ver la aplicación práctica de las técnicas tratadas en el curso.

Continúa en página siguiente >>

<< Viene de página anterior

Este desconocimiento de la materia (frente al resto de participantes, que se encuentran más aventajados), unido a que es la primera vez que realiza un curso en modalidad *e-learning,* le hace sentirse inseguro y a pesar de su interés, al necesitar invertir más tiempo, en ocasiones queda algo retrasado respecto al resto del grupo.

Además, necesita mejorar sus habilidades comunicativas y colaborativas.

En base a esto, deberás describir las herramientas de comunicación que utilizarías durante el desarrollo del curso, y de qué modo serían útiles para la tutorización de este alumno en concreto.

4. Seguimiento de las acciones formativas

Para llevar a cabo de forma eficiente el proceso de evaluación, e ir realizando las modificaciones necesarias, que permitan corregir los desvíos que se originen y afecten a la calidad del proceso y la consecución de los objetivos, un aspecto de gran ayuda, especialmente en la formación *e-learning,* es el **seguimiento.**

IMPORTANTE

En la formación *e-learning* se cuenta con herramientas que permiten realizar el proceso de seguimiento de forma mucho más sencilla, quedando en todo momento registrados los avances y actuaciones de los participantes en la plataforma de formación.

Esta facilidad para obtener los datos, junto con la labor del docente, su sincero interés por el alumnado, y una buena planificación, hacen del seguimiento un proceso continuo y fácil de llevar a cabo.

Pero las labores de seguimiento no implican solo la recogida de datos, tras la misma hay que analizarlos y emprender las actuaciones que sean necesarias si se percibe algún riesgo o desvío en la consecución de los objetivos.

 **RECUERDA**

Las acciones de seguimiento se realizan en diferentes momentos: seguimiento de acceso, de avance y de incidencias.

Así, de la recogida y análisis de datos y principalmente de las posteriores fases del seguimiento, cuando se ponen en marcha las actuaciones para cada caso concreto, se puede obtener información clave para la evaluación de diferentes aspectos del proceso y la calidad del mismo.

Pueden consultarse los registros de seguimiento del grupo completo, de un participante en concreto, una fecha concreta, por actividades, etc.

 EJEMPLO

Durante el desarrollo de un curso, llega la fecha prevista para realizar un *test* de autoevaluación, y el tutor observa que todo el alumnado ha obtenido una nota bajísima, fallando principalmente las cuestiones sobre un aspecto en concreto de la temática tratada. ¿Por qué habrá sucedido esto?

El tutor se pone en contacto con el alumnado para averiguar las dificultades que han tenido, llegando a la conclusión de que el material formativo presentado al respecto es muy confuso para el alumnado y necesita ser revisado.

 ACTIVIDAD COMPLEMENTARIA

22. ¿Podrías poner un ejemplo concreto en el que a partir de los datos de seguimiento sea posible detectar un problema subyacente, que afecte a otro de los aspectos del proceso formativo? ¿De qué modo debería actuar el tutor o tutora ante el problema detectado?

4.1. Técnicas e instrumentos de seguimiento del aprendizaje

Las técnicas específicas para el seguimiento del alumnado que debe llevar a cabo el personal docente **quedarán reflejadas en el plan de acción tutorial.**

Estas actuaciones tendrán lugar en **tres momentos diferentes:**

- **Seguimiento de acceso:** se comprobará que todos los participantes han accedido y se establecerá contacto con los que no lo hayan hecho.
- **Seguimiento de avance:** se comprobará que todos los participantes llevan un ritmo adecuado en el curso, y establecerá contacto con el grupo, ya sea para orientarles y animarles si no van a buen ritmo o para felicitarles por el trabajo que están realizando.
- **Seguimiento de incidencias:** en caso de producirse alguna incidencia, se comprobará que efectivamente está resuelta y se establecerá contacto con las personas afectadas para verificarlo.

Una de las incidencias más comunes que impide al alumnado acceder a la plataforma es la configuración de las *cookies* en el navegador, que deben aceptarse.

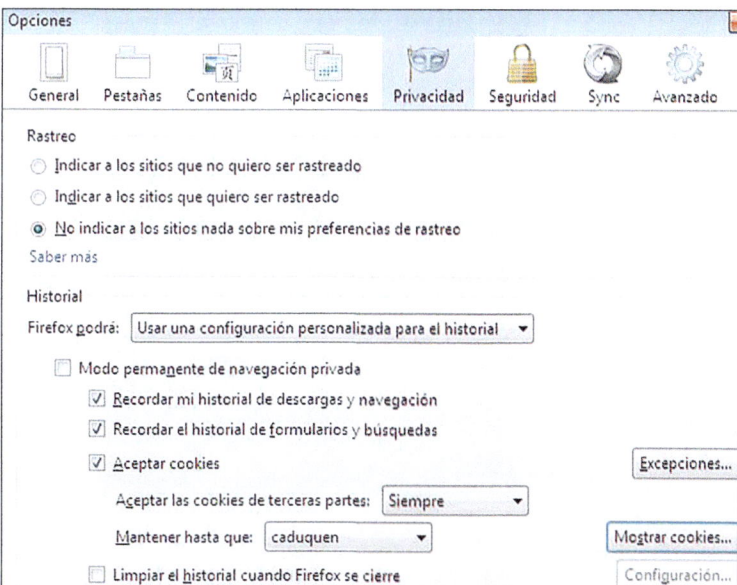

Las cookies son archivos que algunos sitios web guardan en tu ordenador, de manera que el sitio puede acceder a la actividad llevada a cabo. Para aceptarlas hay que acceder a las opciones del navegador.

ACTIVIDAD COMPLEMENTARIA

23. ¿Podrías poner un ejemplo concreto de seguimiento en cada uno de los tres casos: acceso, avance e incidencias?

Para ello, deberás indicar la situación que puede darse con el alumno o alumna en concreto, qué datos tendrías en cuenta, cómo contactarías con la persona y el mensaje que le transmitirías.

Del mismo modo, deben presentarse los **instrumentos necesarios para llevar a cabo las acciones de seguimiento.**

Para ello, hay que recoger todos los datos relativos al desarrollo de la acción formativa.

La información que debe aparecer en el documento de recogida de datos es la siguiente:

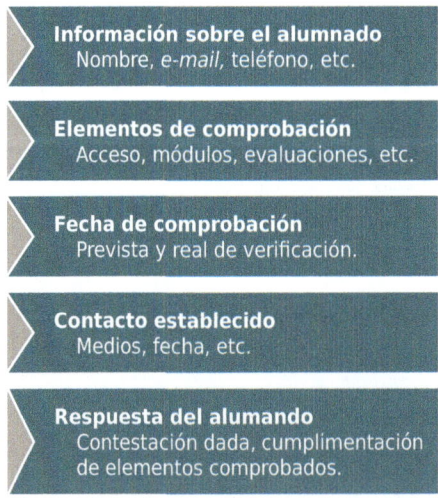

Información sobre el alumnado
Nombre, *e-mail*, teléfono, etc.

Elementos de comprobación
Acceso, módulos, evaluaciones, etc.

Fecha de comprobación
Prevista y real de verificación.

Contacto establecido
Medios, fecha, etc.

Respuesta del alumando
Contestación dada, cumplimentación de elementos comprobados.

CONSEJO

Puedes recoger los datos en una base de datos o una hoja de cálculo, y también puedes utilizar el color para resaltar datos de especial interés para el avance del curso.

- -

Así, el documento podría organizarse del siguiente modo:

Curso de prevención de riesgos laborales en la construcción. 10 enero - 23 febrero											
Nombre Apell.	Telf	Mail	Acceso 10/1	Contacto	Contenido M1 20/1	Contacto	Contenido M1 23/1	Contacto	Tarea M1 23/1	Contacto	Fin M1 23/1
Amáez Segura, Patricia	XXX	a@a.com	Sí	–	No	Mail 19/1 No responde Telf. 21/1 Motivos de salud. Lo dejará acabado viernes. 23/1 - Ok, finaliza contenido	Sí	–	Sí	–	OK Mail 23/1 M1 finalizado
López Rus, Raúl	XXX	r@r.com	No	Telf. 10/1 Dice que accederá dentro de dos días 12/1 Ok, accede según lo previsto	Sí		Sí	–	No	Mail 23/1 No responde Telf 26/1 No sabía hacerlo, quedan resueltas dudas	No
Sáez, Ana	XXX	s@s.com	Sí	–	Sí	–	Sí	–	Sí	–	OK Mail 23/1 M1 finalizado
...											

TAREA 8

Observa el documento de seguimiento del curso de prevención de riesgos laborales:

Seguimiento de la acción formativa

Continúa en página siguiente >>

<< Viene de página anterior

Curso de prevención de riesgos laborales en la construcción. 10 enero - 23 febrero											
Nombre Apell.	Telf	Mail	Acceso 10/1	Contacto	Contenido M1 20/1	Contacto	Contenido M1 23/1	Contacto	Tarea M1 23/1	Contacto	Fin M1 23/1
Amáez Segura, Patricia	XXX	a@a.com	Sí	–	No	Mail 19/1 No responde Telf. 21/1 Motivos de salud. Lo dejará acabado viernes. 23/1 – Ok, finaliza contenido	Sí	–	Sí	–	OK Mail 23/1 M1 finalizado
López Rus, Raúl	XXX	r@r.com	No	Telf. 10/1 Dice que accederá dentro de dos días 12/1 Ok, accede según lo previsto	Sí	Sí	–	No	Mail 23/1 No responde Telf 26/1 No sabía hacerlo, quedan resueltas dudas	No	No
Sáez, Ana	XXX	s@s.com	Sí	–	Sí	–	Sí	–	Sí	–	OK Mail 23/1 M1 finalizado
…											

¿Qué otras columnas añadirías al documento de seguimiento de la acción formativa? Ten en cuenta que el curso cuenta con 3 módulos, y en cada uno de ellos hay: contenido, foro, autoevaluación, tarea.

Además, al finalizar los módulos hay una evaluación final, que consiste en la presentación de un caso práctico.

---

5. La evaluación en línea

La evaluación es uno de los aspectos más importantes del proceso de enseñanza-aprendizaje, y está enfocada a la **toma de decisiones y la emisión de juicios de valor,** ¿qué quiere decir esto?

Esto implica su concepción en un sentido más amplio de la simple valoración de resultados cuantitativos de aprendizaje por parte del alumnado.

Debe servir para que los participantes entiendan el proceso, cómo se está desarrollando, incidencias que se están cometiendo, concepciones erróneas, etc., con la finalidad de que puedan modificarse los aspectos que sean necesarios e **implantar mejoras.**

 **RECUERDA**

Evaluar no es solamente calificar.

La evaluación, por tanto, debe ser integral, abarcando todos los **aspectos del proceso de enseñanza-aprendizaje,** entre ellos:

- ⮌ Aprendizaje del alumnado
- ⮌ Recursos
- ⮌ Materiales
- ⮌ Programa formativo
- ⮌ Labor del personal docente
- ⮌ Desarrollo del proceso de enseñanza-aprendizaje

Para valorar cualquiera de estos aspectos o el proceso de forma global, es necesario definir un **plan de evaluación** detallado, en el que se establezca una serie de criterios, así como las herramientas que se van a utilizar para comprobar la consecución de objetivos y el momento en que se llevará a cabo la evaluación.

En la formación *e-learning*, dadas las características de esta modalidad, la **calidad del proceso** cobra especial relevancia.

Colás Bravo, P.; Rodríguez López, M. y Jiménez Cortés, R., (2006) manifiestan su importancia: "La evaluación *e-learning* es un área de creciente interés científico, académico y económico debido, entre numerosas causas, a la fuerte expansión de *e-learning* en la formación reglada y permanente y a la necesidad de asegurar la efectividad de las inversiones económicas en tecnologías del aprendizaje".

Asimismo, muestran los **principales enfoques** desde los que se ha abordado la evaluación *e-learning*:

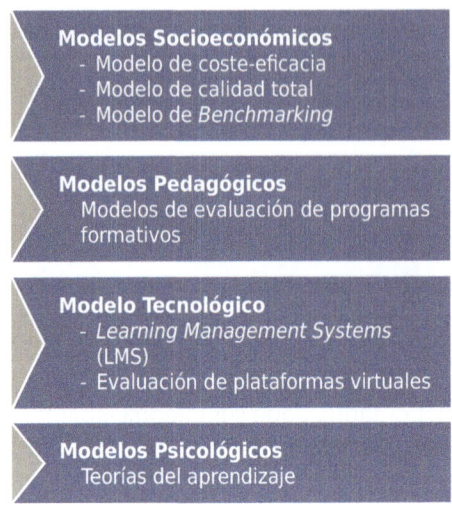

Como puedes ver, la evaluación no es solamente una evaluación de resultados. Pero en este caso, a continuación, nos centraremos en la evaluación del proceso llevado a cabo por el alumnado, y los instrumentos utilizados para ellos.

 ACTIVIDAD COMPLEMENTARIA

24. Reflexiona sobre los diferentes aspectos que debe abordar el proceso de evaluación en la formación *e-learning*.

    ¿Crees que hay aspectos que se valoran, que en la formación presencial no se tienen en cuenta? ¿Y al contrario, aspectos que se evalúan en presencial pero en *e-learning* no se consideren objeto de evaluación?

- -

En cualquier caso, se realice la evaluación desde uno u otro modelo, esta debe tener una serie de **características:**

- **Utilidad:** debe ayudar a los diferentes participantes a identificar y analizar los aspectos positivos y negativos del proceso formativo.
- **Viabilidad:** debe ser posible llevarla a cabo de forma sencilla.
- **Moralidad:** debe ser un proceso basado en el compromiso ético de los participantes, que garanticen la colaboración y respeto de sus derechos.

⮑ **Exactitud:** la evaluación debe definir claramente el objetivo a medir, el avance y contexto.

La finalidad de cualquier plan de evaluación es realizar **mejoras en el proceso formativo,** facilitando el aprendizaje por parte del alumnado y desarrollando procesos de mayor calidad.

La finalidad de cualquier plan de evaluación

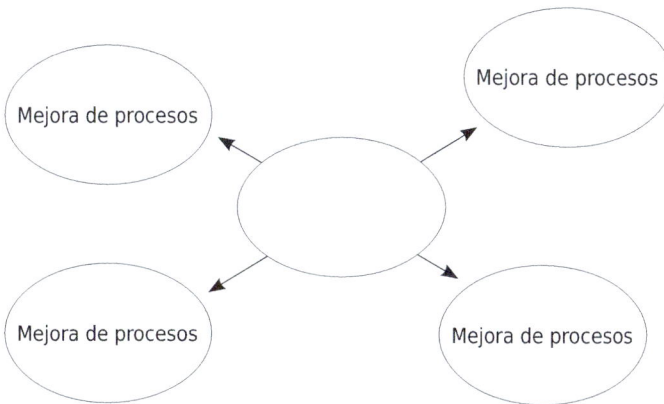

Para realizar mejoras en el proceso formativo debe llevarse a cabo una evaluación continua.

 **RECUERDA**

El proceso de evaluación debe ser riguroso y sistemático, y haberse realizado previamente una planificación, en la que se conteste a las siguientes preguntas: qué, para qué, dónde, cómo, cuándo, quiénes, a quién.

5.1. Los instrumentos de la evaluación formativa

En la formación *e-learning* se pueden aplicar **técnicas e instrumentos de evaluación** propios de la evaluación tradicional, adaptadas a los nuevos medios tecnológicos.

Por lo tanto, deben tener las mismas **características:**

- **Claridad:** el objeto de evaluación debe estar claramente definido. Además, las condiciones en las que se recoge la información: lugar, momento, participantes, etc., deben indicarse claramente.
- **Coherencia:** los instrumentos deben ser coherentes con el modelo pedagógico utilizado y no deben modificar la situación de enseñanza-aprendizaje.
- **Objetividad:** deben ser objetivos, es decir, los resultados serán independientes de la opinión de la persona que evalúe.
- **Validez y exactitud:** deben tener validez, siendo útiles para medir exactamente las variables que se pretende, para lo cual fueron diseñados. Deben tener significado sobre lo que se quiere observar. Deben medir con exactitud lo que se pretende, independientemente de la situación.
- **Aspectos que abarca:** la valoración será integral, abarcando todos los aspectos: cognoscitivos, procedimentales y actitudinales. Deben abarcar todo el contenido que se ha estudiado, en caso de la evaluación de resultados, o todos los aspectos que intervienen, en caso de una evaluación del proceso.
- **Prácticos:** deben ser prácticos, es decir, fáciles de manejar e interpretar.

Pero además, los instrumentos utilizados en la formación *e-learning* tienen la particularidad de poseer una mayor **interactividad** y la posibilidad de **autocomprobación.**

Los instrumentos de evaluación se pueden clasificar según diferentes criterios:

- **Objetividad**

  - Objetivos
  - Subjetivos

- **Aspecto a evaluar**

  - Cognoscitivo
  - Procedimental
  - Actitudinal

- **Momento**

  - Diagnóstica
  - Formativa
  - Sumativa
  - Global

Pueden utilizarse los mismos instrumentos en varios momentos del proceso, aunque su finalidad en cada uno de los casos sea diferente.

 **EJEMPLO**

Para la evaluación inicial o diagnóstica, el alumnado puede realizar un *test* de autoevaluación, que permita comprobar el punto de partida. Pero también puede utilizarse un *test* de autoevaluación, para verificar la adquisición de conocimientos sobre un determinado tema o módulo, en cualquier momento del proceso formativo.

A continuación, se analizarán algunos de los instrumentos más utilizados en la formación *e-learning,* muchos de ellos integrados en la plataforma: cuestionarios, encuestas, ejercicios interactivos.

Además de estos instrumentos, existen otras herramientas en la plataforma que pueden utilizarse como instrumentos evaluativos, permitiendo aplicar técnicas de evaluación concretas.

Son las siguientes:

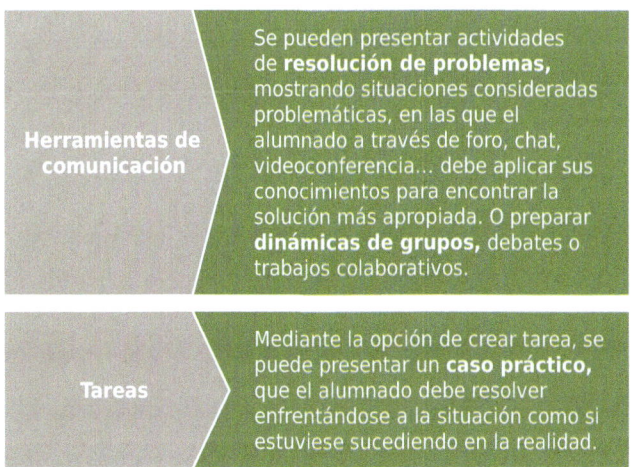

Herramientas de comunicación

Se pueden presentar actividades de **resolución de problemas,** mostrando situaciones consideradas problemáticas, en las que el alumnado a través de foro, chat, videoconferencia... debe aplicar sus conocimientos para encontrar la solución más apropiada. O preparar **dinámicas de grupos,** debates o trabajos colaborativos.

Tareas

Mediante la opción de crear tarea, se puede presentar un **caso práctico,** que el alumnado debe resolver enfrentándose a la situación como si estuviese sucediendo en la realidad.

 **ACTIVIDAD COMPLEMENTARIA**

25. ¿Qué instrumentos utilizarías si lo que te interesase evaluar fuesen especialmente los aspectos procedimentales y actitudinales? ¿Por qué motivo?

- -

Cuestionarios

Los cuestionarios son **instrumentos destinados a evaluar el nivel de conocimientos del alumnado.** Son instrumentos estructurados, mediante los cuales a través de la presentación de una serie de preguntas predeterminadas se recogen los datos e información que se ha solicitado a los participantes.

Dentro de la plataforma de formación se pueden crear cuestionarios de evaluación, en los que se incluyan diferentes tipos de cuestiones.

Para ello, lo primero que hay que hacer es **crear y configurar el cuestionario** en la plataforma.

A continuación, se presentará la forma de hacerlo y las opciones disponibles en *Moodle,* por ser una de las plataformas más utilizadas en la actualidad.

A la hora de configurar el cuestionario se le puede indicar la fecha en la que estará disponible, número de intentos y tiempo de realización.

Y una vez creado el cuestionario, hay que **añadir las preguntas** a sus categorías correspondientes, completando así el banco de preguntas.

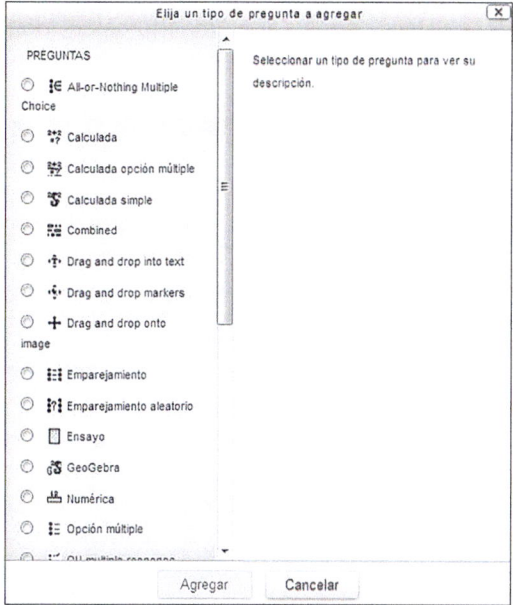

Las preguntas que se almacenen en el banco de ítems pueden ser utilizadas en cualquier cuestionario que se desee.

Dentro del banco de preguntas puedes crear **cuestiones de diferentes tipos,** entre las que destacan:

- **Descripción:** este tipo de preguntas no requieren ninguna respuesta, es simplemente texto informativo para el alumnado.
- **Emparejamiento:** estas cuestiones permiten insertar varias opciones, que el alumnado deberá emparejar según lo que se indique en el enunciado.
- **Ensayo:** este tipo de preguntas permite al alumnado redactar su respuesta de forma extendida, y su calificación no se realiza de forma automática, sino manualmente por el tutor o tutora.
- **Arrastrar y soltar:** en este tipo de preguntas se completará la respuesta mediante el arrastre de palabras o imágenes a su lugar correspondiente.
- **Opción múltiple:** este tipo de preguntas permiten seleccionar una o varias opciones correctas, según la configuración que se le asigne.
- **Cloze:** este tipo de cuestiones consiste en rellenar espacios en blanco.
- **Respuesta corta:** permite al alumnado redactar una respuesta de una extensión determinada (una o varias palabras). Puede haber diferentes respuestas correctas a las que se les asigna diferente puntuación.

⊃ **Numérica:** esta opción es similar a la respuesta corta, pero en este caso, la respuesta es numérica.

⊃ **Calculada:** en este tipo de preguntas se utilizan fórmulas y variables numéricas.

⊃ **Verdadero/Falso:** permite al alumnado seleccionar la opción (verdadero o falso) que considere correcta.

Al crear cada pregunta hay que indicar cuál es la opción u opciones de respuesta correctas.

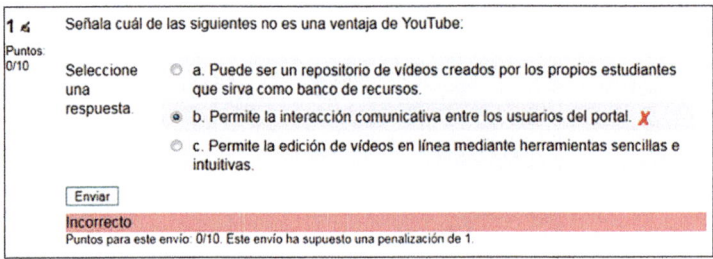

Se pueden seleccionar como correctas todas las opciones de respuesta que se desee.

NOTA

Una vez creadas las preguntas, habrá que seleccionar las cuestiones que se quieren insertar en el cuestionario.

◎ EJEMPLO

Estás diseñando las pruebas de evaluación para un curso sobre la plataforma de formación *Moodle*, y debes diseñar las pruebas correspondientes al tema "Los cuestionarios en *Moodle*".

Para ello, debes diseñar un cuestionario utilizando al menos, tres tipos de preguntas diferentes de las disponibles en la plataforma de formación.

Continúa en página siguiente >>

<< Viene de página anterior

Solución

Tema "los cuestionarios en *Moodle*"

1. Las preguntas que se pueden crear en un cuestionario en la plataforma, tienen la particularidad de que todas son de autoevaluación, y su corrección se realiza de forma automática.

    a. Verdadero
    b. Falso

2. Empareje cada uno de los tipos de preguntas con su descripción.

Cloze	Este tipo de preguntas permiten seleccionar una o varias opciones correctas, según la configuración que se le asigne.
Respuesta corta	Este tipo de cuestiones consiste en rellenar espacios en blanco.
Opción múltiple	Permite al alumnado redactar una respuesta de una extensión determinada (una o varias palabras).

3. Seleccione la opción que considere correcta. Las preguntas de "descripción":

    a. Son similares a las de respuesta corta, pero permiten respuestas mucho más extensas.
    b. No permiten la interacción.
    c. No se corrigen de forma automática, debe hacerlo el tutor o tutora manualmente.

Encuestas

En las encuestas se establece una serie de **preguntas estructuradas,** en las que se presentan listas de cotejo o escalas de valoración, para la evaluación de los diferentes aspectos del proceso formativo.

A diferencia de los cuestionarios, lo que interesa es la opinión y punto de vista de los participantes acerca del proceso formativo y algunos aspectos determinados del mismo, como el contenido, recursos, docencia, etc. Para ello, lo primero que hay que hacer es **crear y configurar la encuesta** en la plataforma.

A continuación, se presentará la forma de hacerlo y las opciones disponibles en *Moodle,* por ser una de las plataformas más utilizadas en la actualidad.

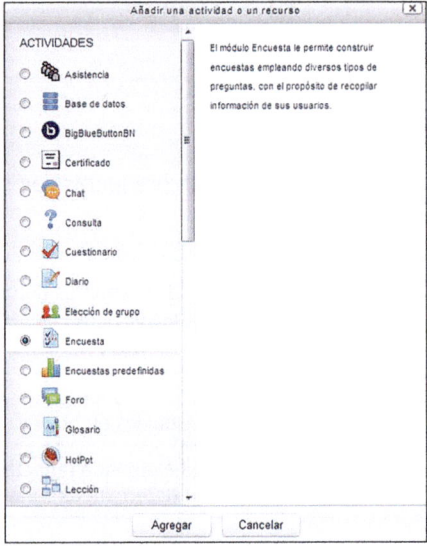

*Para agregar una encuesta o cualquier otro elemento al curso, hay que tener activado el modo edición, y seleccionar **Agregar una actividad o un recurso.***

Y una vez creada la encuesta, hay que añadir los diferentes **tipos de cuestiones,** según la información que se quiera conocer: elección múltiple, respuesta de texto corta o larga, numérica, etc.

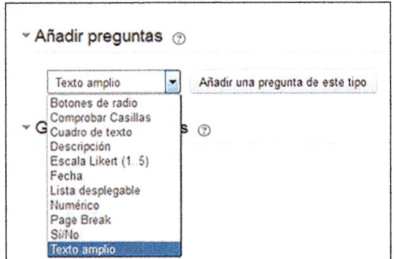

A diferencia del cuestionario, a la hora de crear las preguntas no hay que indicar cuáles de las opciones es correcta, ya que se trata de una encuesta, y lo que quiere conocerse es una opinión.

IMPORTANTE

La realización de las encuestas será anónima, de modo que el alumnado no se sienta cohibido a la hora de expresar libremente su opinión.

Para valorar todo el proceso formativo, las cuestiones que deben incluirse harán referencia a diferentes aspectos:

- ⮑ **Información del alumno:** edad, puesto, sexo, etc.
- ⮑ **Objetivos del proceso:** adecuación, redacción, etc.
- ⮑ **Contenido:** adecuación, estructuración, etc.
- ⮑ **Metodología y medios:** teórica-práctica, adecuación de técnicas y métodos, medios disponibles, etc.
- ⮑ **Organización de la acción formativa:** duración, horario, ratio, etc.
- ⮑ **Docencia:** conocimiento en la materia, disponibilidad, etc.
- ⮑ **Valoración global:** visión general del proceso.

Para cada uno de esos aspectos se establecerá una serie de indicadores, con los que el alumnado podrá mostrar su acuerdo o desacuerdo, seleccionando el valor de la escala de respuestas establecida que considere más adecuado.

EJEMPLO

En relación a los objetivos, uno de los indicadores que podrían plantearse sería:

"Los objetivos responden a las necesidades formativas detectadas".

Y para responder, el alumnado podrá seleccionar: 1 (Completamente en desacuerdo), 2 (En desacuerdo), 3 (De acuerdo) o 4 (Completamente de acuerdo).

SABÍAS QUE...

Además de crear tu propia encuesta, puedes seleccionar una de las encuestas predefinidas que se encuentran en la plataforma de formación.

Ejercicios interactivos

Son **actividades con carácter lúdico,** cuya resolución conlleva un determinado objetivo educativo. Por ejemplo, crucigramas, sopas de letras, etc., y se usan para valorar el nivel de conocimientos del alumnado.

Este tipo de ejercicios se pueden integrar directamente en la plataforma, utilizando herramientas como por ejemplo, *Hot Potatoes.*

Con Hot Potatoes se pueden crear tanto ejercicios interactivos, como cuestionarios de evaluación.

Hot Potatoes permite la creación de recursos y ejercicios de diferentes tipos:

- ⮞ *JCross:* permite crear crucigramas.
- ⮞ *JQuiz:* permite crear ejercicios de preguntas de elección múltiple.
- ⮞ *JCloze:* este tipo de actividad consiste en completar los huecos existentes en un texto.
- ⮞ *JMatch:* permite crear actividades de emparejamiento.
- ⮞ *JMix:* este tipo de actividad consiste en construir una frase partiendo de una serie de palabras desordenadas.

 **EJEMPLO**

Observa un ejemplo de crucigrama interactivo creado con *Hot Potatoes,* para ello puedes acceder a él desde aquí:

https://redirectoronline.com/ssce002po0402

 ACTIVIDAD COMPLEMENTARIA

26. Visita la página web de *Hot Potatoes* para descargarlo, para ello puedes hacerlo accediendo desde aquí:

https://redirectoronline.com/ssce002po0403

Una vez instalado, crea una actividad interactiva.

Pero además de crear los diferentes recursos y ejercicios interactivos, es posible **descargar recursos existentes** e insertarlos en la plataforma.

En la red existen muchas comunidades creadas en torno a un interés común, que generan y comparten gran cantidad de recursos.

Uno de estos casos es el de *JClic,* que es una herramienta que integra un conjunto de aplicaciones informáticas, con las que realizar diferentes tipos de actividades y ejercicios interactivos: puzles, ejercicios de texto, palabras cruzadas, etc.

 PARA SABER MÁS

Puedes acceder a las actividades compartidas, realizadas con JClic desde aquí:

https://redirectoronline.com/ssce002po0404

 TAREA 9

Has finalizado el curso sobre "Prevención de riesgos laborales en el sector inmobiliario" en modalidad *e-learning* que tutorizas, y desde la entidad que lo organiza se desea conocer la calidad de la acción formativa que se ha impartido, con el fin de establecer posibles mejoras en futuras ediciones del curso.

Para ello, elabora una encuesta de satisfacción para el alumnado, en la que se establezcan al menos 2 indicadores para cada uno de los aspectos del proceso formativo: información del alumno/a, objetivos, contenido, metodología y medios, organización de la acción formativa y labor docente.

6. Resumen

La comunicación y la colaboración son aspectos fundamentales en la formación *e-learning*. Mediante los mismos se consigue la **construcción conjunta del conocimiento,** y por tanto, el aprendizaje del alumnado.

Pero para ello es necesario que todas las estrategias estén previamente planificadas, así como definidas las herramientas que se van a utilizar. Todas estas herramientas tecnológicas suponen un gran apoyo para la tutorización.

Entre las **herramientas de comunicación** disponibles en la plataforma de formación se encuentran las siguientes:

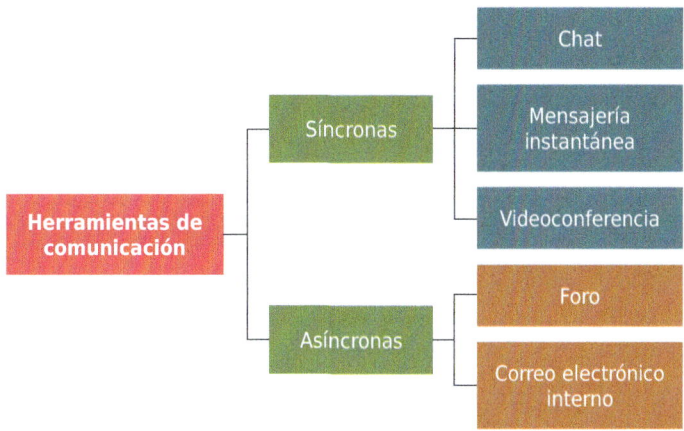

En *e-learning* se dispone también de **herramientas de apoyo** para otro de los aspectos claves del proceso formativo: la **evaluación y seguimiento del aprendizaje.**

Estas herramientas deben tener una serie de características comunes: **utilidad, viabilidad, moralidad, exactitud.**

Se pueden clasificar según diferentes criterios: **objetividad, aspecto a evaluar y momento de la evaluación.**

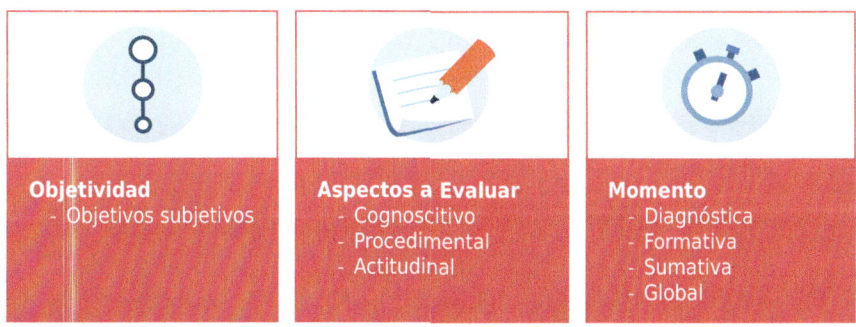

Pero independientemente de su clasificación, los instrumentos más utilizados son: **cuestionarios, encuestas y ejercicios interactivos.**

Para que la evaluación sea eficiente, son muy importantes las acciones de seguimiento, que deben quedar recogidas en una **tabla de registros seguimiento.**

Ejercicios de autoevaluación
Unidad de Aprendizaje 4

1. Indica cuál es una característica principal del aprendizaje:

   a. Experiencia
   b. Pragmatismo
   c. Autonomía
   d. Organización

2. Indica si la siguiente oración es verdadera o falsa: "El estilo de aprendizaje es la estrategia que cada persona utiliza para la adquisición de conocimiento, la forma en que recoge, almacena, analiza, organiza, interpreta y conecta la información".

   ■ Verdadero
   ■ Falso

3. Las personas que prefieren observar a ser protagonistas de la acción, son personas con estilo...

   a. ... activo.
   b. ... teórico.
   c. ... reflexivo.
   d. ... pragmático.

4. Indica si la siguiente oración es verdadera o falsa: "Las herramientas de comunicación asíncronas son aquellas que permiten que la comunicación entre los participantes tenga lugar de forma instantánea, estando las diferentes partes conectadas y utilizando la herramienta en el mismo momento".

   ■ Verdadero
   ■ Falso

5. Los estilos de comunicación son...

   a. ... los procesos mediante los cuales varias personas, con la capacidad para comprender y expresarse de forma oral o escrita, intercambian información, reflexiones, opiniones e ideas.

b. ... las estrategias que cada persona utiliza para relacionarse con los demás, la forma en que actúa y se comporta durante el proceso de comunicación. Cada persona tiene su estilo propio.

c. ... las estrategias que cada persona utiliza para la adquisición de conocimiento, la forma en que recoge, almacena, analiza, organiza, interpreta y conecta la información.

d. ... las estrategias que cada persona utiliza con la capacidad de comprender y expresarse de forma oral o escrita, intercambiando información, reflexiones, opiniones e ideas.

6. ¿Qué estrategia de comunicación permite que las personas se relacionen emocionalmente, puedan expresarse y se integran de forma activa en el grupo?

a. Estrategia reguladora
b. Estrategia informativa
c. Estrategia afectiva
d. Estrategia reflexiva

7. Indica cuál de estas herramientas de motivación permite encuentros virtuales, realizados con un *software* interactivo, que hace posible la comunicación entre varias personas en tiempo real:

a. *E-mail*
b. Foros
c. Chat
d. Videoconferencias

8. Indica si la siguiente oración es verdadera o falsa: "Las acciones de seguimiento se realizan en diferentes momentos: seguimiento de acceso, de avance y de incidencias".

■ Verdadero
■ Falso

9. Para evaluar el proceso de enseñanza-aprendizaje de forma global, es necesario definir _____ detallado, en el que se establezca una serie de criterios, así como las herramientas que se van a utilizar para comprobar la consecución de objetos y el momento en que se llevará a cabo la evaluación.

    a. un plan de evaluación
    b. un programa formativo
    c. un seguimiento de acciones formativas
    d. un plan tutorial

10. ¿Qué instrumento de evaluación formativo se define como actividades con carácter lúdico, cuya resolución conlleva un determinado objetivo educativo?

    a. Encuesta
    b. Foros
    c. Cuestionario
    d. Ejercicios interactivos

Las redes sociales como elemento de búsqueda de recursos para el aprendizaje

Contenido

Objetivos

Los objetivos generales de esta Unidad de Aprendizaje son:

→ Conocer las herramientas de la Web 2.0. y su utilidad para la búsqueda de recursos y contenidos formativos.

→ Ser consciente de la importancia de los avances tecnológicos y su influencia en el desarrollo del *e-learning*.

Los objetivos específicos de esta Unidad de Aprendizaje son:

→ Identificar los conceptos fundamentales de las redes sociales, su funcionamiento y su relevancia en el ámbito educativo.

→ Conocer la web 2.0 y sus características en entornos educativos.

→ Explorar la variedad de recursos didácticos en la web, evaluando su calidad y relevancia para la formación.

→ Desarrollar habilidades para buscar y compartir contenido educativo relevante en diversas redes sociales.

1. Introducción

La tutorización es una tarea compleja, que necesita ser planificada detalladamente, definiendo todos los aspectos que intervienen en la misma: métodos, estrategias, medios, etc.; y para llevarla a cabo, en la formación *e-learning* se cuenta con el componente tecnológico.

Uno de los elementos que ha irrumpido con fuerza y resulta de gran utilidad en este sentido son las **redes sociales.**

Son definidas por de Haro, J. J. (2010) como *"estructuras compuestas por personas u otras entidades humanas las cuales están conectadas por una o varias relaciones que pueden ser de amistad, laboral, intercambios económicos o cualquier otro interés común".*

Estas redes y las herramientas de la web 2.0 se utilizarán tanto para la localización de recursos como para compartirlos, permitiendo el desarrollo de una acción formativa más completa y enriquecedora.

En esta unidad se analizarán las herramientas y redes sociales que existen para la localización y distribución de recursos, así como su utilidad para la formación *online.*

2. Las redes sociales

Existen diferentes tipos de redes sociales, enfocadas a unos u otros usos (profesional, personal, etc.), pero en cualquier caso, estas forman parte, cada vez en mayor medida, de la vida cotidiana de las personas, y **su base está en la interrelación y la comunicación entre sus miembros.**

Siendo un elemento fundamental en la formación *e-learning* la comunicación, y debido al carácter y gran trascendencia de las redes, desde el sector educativo no se puede obviar este hecho, por ello han supuesto un elemento de gran interés para el desarrollo personal y profesional, y el aprendizaje a lo largo de la vida *(Life-Long Learning).*

SABÍAS QUE...

En España hay 40,7 millones de usuarios de redes sociales, lo que supone un 85,6 % de la población. Estos invierten unas 5 horas y 45 minutos diarios de media en internet, con el objetivo principal de contactar con familiares o amigos (50,2 %), entretenerse (45,3 %) o informarse (43,3 %).

Las redes sociales permiten establecer una red de contactos de gran valor para la consecución del aprendizaje y el desarrollo profesional en el campo de interés. Fuente: rvlsoft / Shutterstock.com

 ACTIVIDAD COMPLEMENTARIA

27. ¿Qué redes sociales conoces?

   Analiza el uso que haces de las mismas, ¿las utilizas con propósito formativo? ¿Son útiles para el aprendizaje, aunque no las utilices expresamente con ese fin?

3. El uso de las redes sociales en formación

La concepción de la Web ha ido evolucionando, hasta existir hoy día la "Web 2.0.".

La diferencia principal con la "Web 1.0", es que ahora las personas usuarias, además de ser consumidoras de la información son también productoras de la misma y constructoras de conocimiento.

El uso de la Web 2.0 con propósitos educativos ha dado lugar a lo que se conoce como *e-learning* 2.0. Sus **características** principales son las siguientes:

> Los participantes pueden construir y compartir contenidos.

> Se desarrolla un trabajo colaborativo a través de las herramientas 2.0.: blogs, redes sociales, wikis, etc., desarrollando la inteligencia colectiva.

> Las fuentes de información están ahora distribuidas por la red, en blogs, grupos temáticos, etc.

> Las herramientas para la generación del conocimiento están centradas en el alumnado, que puede construir su propio PLE.

> Son los participantes los que marcan el camino a seguir en su proceso de enseñanza-aprendizaje.

> El proceso educativo se personaliza, y responde a los intereses concretos de cada usuario.

 **DEFINICIÓN**

PLE

PLE (*Personal Learning Environment* o Entorno Personal de Aprendizaje): es el conjunto de recursos y herramientas de la Web 2.0. que una persona utiliza habitualmente para adquirir información, conocimientos y nuevas competencias.

4. La búsqueda en internet de recursos didácticos para la formación

En el desarrollo del proceso de enseñanza-aprendizaje, son muchas las herramientas 2.0 que aportan grandes ventajas a la formación, proporcionando gran cantidad de recursos de todo tipo.

Entre estas herramientas se encuentran:

◗ *Flickr* o *Instagram:* permiten almacenar fotografías e imágenes *online,* pudiendo acceder a ellas cualquier persona desde internet.

◗ *YouTube* o *Vimeo:* permiten almacenar y compartir vídeos, que pueden visualizar los demás usuarios.

◗ *Del.icio.us:* permite almacenar, clasificar y compartir enlaces de interés. Son lo que se conoce como marcadores sociales.

⮩ **Blogs:** mediante los que se comparten artículos de interés con información actualizada sobre un determinado tema.

⮩ **Wikis:** permiten crear contenido que puede ser editado por diferentes personas, dando lugar una construcción colaborativa del conocimiento.

⮩ *Slideshare:* permite almacenar presentaciones multimedia, publicarlas y compartirlas.

⮩ **Agregadores:** permiten suscribirse a las fuentes seleccionadas, de manera que siempre se conozcan las novedades que se van produciendo, por ejemplo, en un blog.

➲ ***Dropbox* o *Rapidshare*:** permiten almacenar archivos online (en la nube), y compartirlos para que otras personas también puedan editarlos o simplemente puedan visualizarlos, al facilitarles la URL pública.

➲ ***Google Drive*:** permite crear documentos de ofimática en la nube, en los que trabajar de forma colaborativa con otras personas.

Gracias a estas y otras herramientas, hay disponibles en la red multitud de recursos para el aprendizaje, y el mejor medio para darlos a conocer es compartiendo los enlaces a los mismos a través de las **redes sociales.**

5. Buscar y compartir contenidos didácticos en redes sociales

Además de acceder a los recursos disponibles en la web a través de las herramientas específicas de la web 2.0 y las redes sociales, en la red existen lugares específicos donde se almacenan contenidos didácticos concretos, los llamados **objetos de aprendizaje.**

 **DEFINICIÓN**

Objeto de aprendizaje (OA)
Es un paquete que contiene un conjunto de recursos digitales, que pueden reutilizarse con objetivos formativos en diversos contextos.

- -

Estos objetos están formados por:

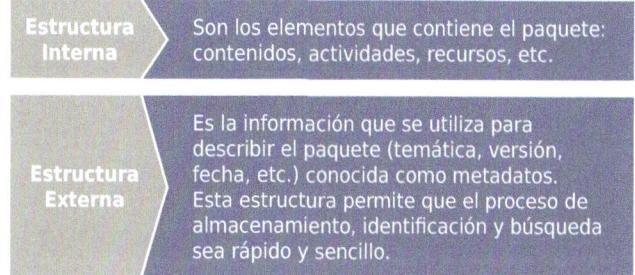

Estructura Interna	Son los elementos que contiene el paquete: contenidos, actividades, recursos, etc.
Estructura Externa	Es la información que se utiliza para describir el paquete (temática, versión, fecha, etc.) conocida como metadatos. Esta estructura permite que el proceso de almacenamiento, identificación y búsqueda sea rápido y sencillo.

Todos los objetos de aprendizaje tienen una serie de **características** comunes:

- **Formato digital y durabilidad:** lo que permite una amplia disponibilidad desde la red y una actualización constante.
- **Finalidad pedagógica:** lo que implica que todos los objetos de aprendizaje serán de uso educativo.
- **Reutilización:** lo que significa que los objetos deben poder usarse en diferentes contextos e integrarse en diversas situaciones formativas, pudiendo adaptarse fácilmente a las mismas.
- **Accesibilidad:** permitiendo su búsqueda de forma rápida y sencilla gracias a su etiquetado en el catálogo mediante los metadatos.
- **Contenido interactivo:** lo que supone la incorporación de todos los elementos necesarios para facilitar el proceso de enseñanza-aprendizaje, orientándolo y fomentando la participación y la interacción en el proceso educativo.
- **Independencia y autonomía:** lo que implica que cada objeto de aprendizaje debe estar completo, teniendo significado por sí mismo, sin tener que estar relacionado con otros objetos y recursos.

Estos objetos están almacenados siguiendo unos estándares, y existiendo un catálogo en el que se pueden realizar búsquedas específicas.

Los lugares donde se almacenan para su posterior consulta son los **repositorios de objetos de aprendizaje, ROA.**

 EJEMPLO

Puedes consultar un ejemplo de ROA , accediendo desde aquí:

https://redirectoronline.com/ssce002po0501

ACTIVIDAD COMPLEMENTARIA

28. Accede a un repositorio de objetos de aprendizaje y busca algún recurso que sea útil para un curso de aprendizaje de idiomas.

A través de las redes sociales, tanto particulares como empresas, comparten artículos, contenido, recursos, información de interés, etc., y crean una red de contactos y usuarios interesados en las temáticas tratadas, que forman una verdadera comunidad de aprendizaje, donde la colaboración y el conocimiento compartido juegan un papel fundamental.

En X, alumnado y profesorado intercambian ideas, colaboran y crean valor añadido a sus proyectos.

 ## PARA SABER MÁS

Si quieres obtener información sobre cómo publicar contenido en diferentes redes sociales, puedes hacerlo accediendo desde aquí:

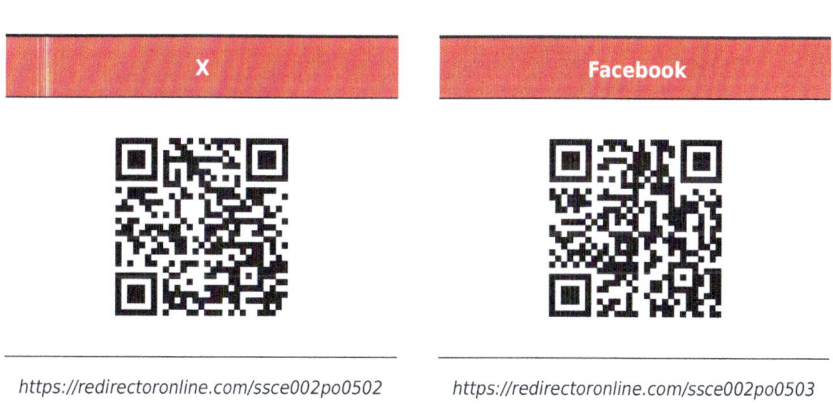

https://redirectoronline.com/ssce002po0502   https://redirectoronline.com/ssce002po0503

Continúa en página siguiente >>

<< Viene de página anterior

https://redirectoronline.com/ssce002po0504

 ACTIVIDAD COMPLEMENTARIA

29. Buscar un recurso para el aprendizaje en la web y compartirlo a través de alguna red social que utilices habitualmente.

 TAREA 10

Estás tutorizando un curso sobre "Técnicas para el desarrollo de la creatividad en aulas de primaria".

Ahora que hay tanto revuelo y sigue abierto el debate sobre las tareas escolares, y sobre cómo esto influye en el desarrollo de la creatividad e imaginación de los/as niños/as, quieres que tus alumnas/os reflexionen sobre la realización de deberes en casa. Para ello, deberás aportar recursos y contenidos que ayuden a la reflexión.

Deberás utilizar herramientas de la Web 2.0. para la búsqueda de recursos y contenidos que sean de utilidad para la finalidad perseguida, y compartirlo a través de alguna red social que utilices habitualmente.

---

6. Resumen

La tecnología ha avanzado mucho y rápidamente, y su uso se ha ido generalizando entre la población. El sector educativo no puede obviar este hecho, por lo que ha sabido aprovechar y utilizar en su beneficio los **recursos y herramientas de la web 2.0.,** redes sociales, dispositivos móviles, gamificación, etc., dotando de gran variedad de recursos y herramientas de apoyo para la acción formativa y la labor docente.

Son muchas las herramientas 2.0 que aportan gran cantidad de recursos de todo tipo a la formación, entre ellas se encuentran:

- Flickr o Instagram
- YouTube o Vimeo
- Del.icio.us
- Blogs
- Wikis
- Slideshare
- Agregadores

Además de acceder a los recursos disponibles en la web a través de las herramientas específicas de la web 2.0 y las redes sociales, en la red existen lugares específicos donde se almacenan contenidos didácticos concretos, los llamados **objetos de aprendizaje.**

Los lugares donde se almacenan para su posterior consulta son los **repositorios de objetos de aprendizaje,** ROA.

Gracias a estas y otras herramientas, hay disponibles en la red multitud de recursos para el aprendizaje, y el mejor medio para darlos a conocer es compartiendo los enlaces a los mismos a través de las **redes sociales.** Entre las redes sociales más utilizadas se encuentran *Facebook, X* o *Linkedin.*

El *e-learning,* como modalidad que responde a las nuevas necesidades de la sociedad actual, es un campo que debe estar en continuo avance, adaptándose a esta realidad social y tecnológica que está teniendo lugar. Pero por supuesto, sin olvidar nunca los aspectos pedagógicos.

Ejercicios de autoevaluación
Unidad de Aprendizaje 5

1. Indica si la siguiente oración es verdadera o falsa: "La redes sociales y las herramientas de la web 2.0 se utilizarán tanto para la localización de recursos como para compartirlos, permitiendo el desarrollo de una acción formativa más completa y enriquecedora".

   ■ Verdadero
   ■ Falso

2. Indica si la siguiente oración es verdadera o falsa: "La web 1.0 nos permite producir y construir conocimiento".

   ■ Verdadero
   ■ Falso

3. El uso de la Web 2.0 con propósitos educativos ha dado lugar a lo que se conoce como _____.

   a. redes sociales
   b. *e-learning* 2.0
   c. herramientas educativas
   d. *e-learning*

4. Indica cuál es una característica del *e-learning* 2.0:

   a. Los participantes puede compartir conocimiento aunque no construirlo.
   b. El docente debe marcar el camino a seguir en el proceso de enseñanza-aprendizaje del alumno.
   c. Se desarrolla un trabajo colaborativo a través de las herramientas 2.0: blogs, redes sociales, wikis, etc., desarrollando la inteligencia colectiva.
   d. El proceso educativo es estándar, respondiendo a los intereses generales de los usuarios.

5. Indica si la siguiente oración es verdadera o falsa: "El PLE *(Personal Learning Environment* o Entorno Personal de Aprendizaje), es el conjunto de recursos y herramientas de la Web 2.0 que una persona utiliza habitualmente para adquirir información, conocimientos y nuevas competencias".

   ■ Verdadero
   ■ Falso

6. ¿Qué herramienta 2.0 permite compartir artículo de interés con información actualizada sobre un determinado tema?

   a. *Instagram*
   b. *Flickr*
   c. Wikis
   d. Blogs

7. Indica si la siguiente oración es verdadera o falsa: "El *Slideshare* es una herramienta 2.0 que permite crear documentos de ofimática en la nube, en los que trabajar de forma colaborativa con otras personas".

   ■ Verdadero
   ■ Falso

8. En la red además de acceder a los recursos y herramientas específicas de la web 2.0, también existen lugares específicos donde se almacenan contenidos didácticos concretos, los llamados_____.

   a. objetos de aprendizaje
   b. elementos de aprendizaje
   c. entornos de aprendizaje
   d. espacios educativos

9. Indica si la siguiente oración es verdadera o falsa: "El objeto de aprendizaje es un paquete que contiene un conjunto de recursos digitales que pueden reutilizarse con objetivos formativos en diversos contextos".

   ■ Verdadero
   ■ Falso

10. ¿Qué significan las siglas ROA?

    a. Registro Oficial de Autenticidad
    b. Repositorios de objetos de aprendizaje
    c. Red Oficial de aprendizaje
    d. Red de Orientación de Aprendizaje

Glosario

Aprendizaje colaborativo
Acciones didácticas grupales en los que los participantes trabajan juntos para maximizar su propio aprendizaje y el de los demás.

Aula virtual
Espacio en el cual está disponible todo el material, recursos y herramientas necesarias para el desarrollo de la acción formativa.

Certificado de profesionalidad
Documento de acreditación oficial de las cualificaciones profesionales que componen el Catálogo Nacional de las Cualificaciones profesionales en el ámbito de la administración laboral. Es decir, acreditan a la persona que lo posee como capacitada para el desarrollo de una actividad laboral con significación para el empleo, sin que ello constituya regulación del ejercicio profesional. Tiene carácter oficial y validez en todo el territorio nacional, siendo expedidos por el SEPE y los órganos competentes de las comunidades autónomas.

Competencia profesional
La competencia profesional refleja el conjunto de conocimientos y capacidades que permiten el ejercicio de la actividad profesional conforme a las exigencias de la producción y el empleo.

Competencias tutoriales
Son el conjunto de las diferentes capacidades, entendidas estas de forma integral a nivel del "saber", "saber hacer" y "saber ser", que posee una persona para el desempeño de la acción tutorial.

Comunicación
Es el proceso mediante el cual varias personas, con la capacidad para comprender y expresarse de forma oral o escrita, intercambian información, reflexiones, opiniones e ideas.

Cuestionarios

Son instrumentos estructurados, destinados a evaluar el nivel de conocimientos del alumnado, mediante los cuales a través de la presentación de una serie de preguntas predeterminadas se recogen los datos e información que se ha solicitado a los participantes.

Diseño instruccional

Es el proceso que se realiza previamente al comienzo de la acción formativa, mediante el cual se concretan todos los aspectos pedagógicos de la misma: métodos, estrategias, variables que intervienen, etc.

Encuestas

Son instrumentos en los que se establece una serie de preguntas estructuradas, en las que se presentan listas de cotejo o escalas de valoración, para la evaluación de los diferentes aspectos del proceso formativo. Lo que interesa es la opinión y punto de vista de los participantes.

Estilo de aprendizaje

Es la estrategia que cada persona utiliza para la adquisición de conocimiento, la forma en que recoge, almacena, analiza, organiza, interpreta y conecta la información.

Estilos de comunicación

Son las estrategias que cada persona utiliza para relacionarse con los demás, la forma en que actúa y se comporta durante el proceso de comunicación. Cada persona tiene su estilo propio.

Feedback

También conocido como retroalimentación, es el mensaje de retorno que el receptor (que puede ser el propio contenido educativo) emite al recibir una determinada información, de forma que se genere un nuevo mensaje y tiene lugar un proceso de comunicación eficaz.

Hashtag

Son etiquetas precedidas por una almohadilla, #, que se usan para clasificar el *tuit* dentro de una temática determinada.

Herramientas de comunicación asíncronas

Son aquellas herramientas que permiten que la comunicación entre los participantes tenga lugar aunque no se encuentren conectados en ese momento al aula virtual.

Herramientas de comunicación síncronas
Son aquellas herramientas que permiten que la comunicación entre los participantes tenga lugar de forma instantánea, estando las diferentes partes conectadas y utilizando la herramienta en el mismo momento.

Interactividad
Es la capacidad, en este caso de los materiales formativos, para establecer flujos de comunicación, permitiendo que el alumnado interactúe con dichos materiales, controlando cómo llevar a cabo el proceso y representando un papel activo en él.

MOOC (cursos *online* masivos y abiertos)
Cursos abiertos y gratuitos, en los que cualquier persona puede matricularse, sin límite de inscripciones y que se desarrollan de forma *online*.

Navegador
Es un *software* o aplicación informática que mediante una interfaz gráfica permite a los usuarios desplazarse o navegar a través de la web a través de hipervínculos y direcciones URL.

Nube
Es un término utilizado para describir y referirse a la red de servidores remotos que están interconectados entre sí, y permiten tener un acceso a la información *online*.

OA (objetos de aprendizaje)
Conjunto de recursos educativos (contenidos, actividades), que constan de una estructura determinada, tanto interna como externa. En ellos se incluyen los metadatos, que es aquella información que los identifica y permite su clasificación dentro de los repositorios.

Plan de Acción Tutorial o PAT
Es un instrumento que sirve de orientación al docente, en el que se establecen las líneas de actuación y pautas para la gestión y planificación de la tutoría, especificándose todas las acciones y procesos que han de llevarse a cabo durante el desarrollo de la acción formativa.

Plataforma de formación
Aplicación informática que se encuentra instalada en un servidor permitiendo que, una vez que el alumnado acceda a la misma, disponga de todos los recursos y herramientas necesarias para gestionar el proceso de enseñanza-aprendizaje.

PLE (entornos personales de aprendizaje)
Conjunto de fuentes de información, como por ejemplo, comunidades en redes sociales, recursos, herramientas y espacios de la web 2.0, contactos que una persona puede consultar y usar de forma habitual para estar informada y en continuo aprendizaje.

Red
Hace referencia a un sistema de comunicación de datos e información, que conecta otros sistemas informáticos entre sí. Internet es una red que está formada por miles de redes, comúnmente conocida como "la Red".

Repositorio
Espacio donde se almacenan, organizan y clasifican objetos de aprendizaje y recursos digitales.

SCORM
Estándar utilizado para la creación de objetos de aprendizaje estructurados, que son compatibles y pueden ser reutilizados en diversas plataformas de gestión del aprendizaje.

Sociedad de la información
Es un concepto que hace referencia a los cambios que ha experimentado la sociedad, así como las formas en las que esta se organiza, por la utilización de las nuevas tecnologías de la información y la comunicación.

Tecnologías de la información y la comunicación (TIC)
Son aquellos avances de la tecnología que permiten gestionar información, acceder a ella, producirla, transmitirla, almacenarla, recuperarla haciendo generalmente uso de internet.

Videoconferencias web
Son encuentros virtuales, realizados con *software* interactivo, que hace posible la comunicación entre varios usuarios/as en tiempo real, transmitiendo vídeo, sonido y texto.

Web 2.0
Conjunto de herramientas y aplicaciones de internet, que ha permitido que la persona usuaria pase de ser un sujeto pasivo a participar activamente en la red, utilizando los medios disponibles en internet, como son las redes sociales, blogs, wikis, etc.

Wikis
Son páginas web que pueden ser editadas por diferentes usuarios a través de un navegador determinado.

Bibliografía

Monografías

→ ARDIZZONE, P. y RIVOLTELLA, P. C.: *Didáctica para e-learning. Métodos e instrumentos para la innovación de la enseñanza universitaria.* Archidona (Málaga): Ediciones Aljibe, 2015.

→ COLOM Cañellas, A. J. y NÚÑEZ Cubero, L.: *Teoría de la educación.* Madrid: Síntesis Editorial, 2022.

→ DANIELS, H.: *Vygotsky y la pedagogía.* Buenos Aires: Paidós, 2003.

→ GARCÍA Aretio, L.: *Bases, mediaciones y futuro de la educación a distancia en la sociedad digital.* Madrid: Editorial Síntesis, 2014.

→ MARCELO, C. [et al.]: *Prácticas de e-learning.* Barcelona: Editorial Octaedro, 2006.

→ PADILLA Carmona, M. T.: *Técnicas e instrumentos para el diagnóstico y la evaluación educativa.* Madrid: Editorial CSS, 2002.

→ SUÁREZ, C. y GROS, B.: *Aprender en red. De la interacción a la colaboración.* Barcelona: Editorial UOC, 2013.

Textos electrónicos, bases de datos y programas informáticos

→ Agencia Estatal. Boletín Oficial del Estado, de: https://www.boe.es/.

→ Analizamos 19 plataformas de *e-learning:* Investigación colaborativa sobre LMS, de: https://dialnet.unirioja.es/servlet/articulo?codigo=5889092.

→ Blackboard, de: http://es.blackboard.com/sites/international/globalmaster/.

→ Del objeto de aprendizaje a la implementación de una asignatura. Un caso práctico, de: http://e-spacio.uned.es/.

→ Diseño instruccional, de: http://www.uv.es.

→ ElearningSoft, de: https://elearningsoft.wordpress.com/.

→ Especificidad de la educación de adultos. Bases psicopedagógicas y señas de identidad, de: https://revistas.uned.es/index.php/educacionXX1/article/view/406.

→ Estilos de aprendizaje y actividades polifásicas, de: https://redined.educacion.gob.es/xmlui/handle/11162/79826.

→ Estudio sobre competencias profesionales para *e-learning*, de: https://www.redalyc.org/pdf/567/56729526018.pdf.

→ Hablemos de *e-learning*, de: http://www.hablemosdeelearning.com/.

→ INCUAL, Instituto Nacional de las Cualificaciones, de: https://incual.educacion.gob.es/ Instituto Nacional de Tecnologías Educativas y Formación del Profesorado, de: http://educalab.es/.

→ Marco Europeo de Cualificaciones para el aprendizaje permanente, de: https://ec.europa.eu/ploteus/

→ MOODLE, de: https://moodle.org/.

→ Ojulearning, de: https://ojulearning.es/.

→ Redes sociales en Educación. Jornada Educar para la Comunicación y la Cooperación Social, de: https://es.slideshare.net/jjdeharo/redes-sociales-en-educacin-4237119.

→ Servicio Público de Empleo Estatal, de: http://www.sepe.es/.

→ Un estilo de aprendizaje, una actividad: diseño de un plan de trabajo para cada estilo, de: https://revistaestilosdeaprendizaje.com/article/view/895/1583.

Legislación y normativa

→ AENOR (2012). UNE 66181:2012, Gestión de la calidad. Calidad de la Formación Virtual.